ル・マンジュ・トゥーの
まかないレシピ

谷 昇
大橋 邦基
野水 貴之
國長 亮平

河出書房新社

「有名フランス料理店のまかない」
なんと心が躍り、興味をそそられる響きなのでしょう。
谷シェフに聞きました。
普段、どんなまかないを食べているのですか?
返ってきた答えは意外なものでした。

- フランス料理は禁止(フランスの家庭・郷土料理はOK)
- 創作料理はなしで、誰もが知る定番の料理
- メインのまかないは1度、営業後の深夜の1食
- 基本的にはご飯のおかずになるもの
- 野菜たっぷり、栄養バランスを考える
- 1週間のなかで、主食材の部位、調理法がかぶってはいけない
- スタッフが予算を出しあってやりくりする
- 決められた時間内で仕上げる…

驚きとともに、気づきます。私たちと同じなのでは?
家族の健康を考えながら、飽きさせることなく料理を、
しかも美味しい料理を、限られた予算と時間のなかで作る。
その毎日を繰り返すこと。

　　　　　ル・マンジュ・トゥーのまかないを担うのは、
　　　　"三兄弟"こと、大橋さん、野水さん、亮平さんの3人。
　　　揃って「うちのまかない美味しいんです！」と不敵の笑みを浮かべます。
　　　　それも、努め励んだ過去があるからこその自信なのでしょう。
　　「新人の頃、休みの日に1週間分の昼と夜のまかないレシピをまとめました。
　　　　　　材料、調理法、作業時間、金額を含めてです。
　　それを当時のスーシェフに確認してもらうんですが、大変でした。」と亮平さん。
　さらにはキッチン台に並べた料理に、谷シェフと楠本マダムの目が光ります。
　まかないは、料理人として自分を鍛錬し、表現できる舞台であるとともに、
　　　　　　手加減のない審判を受ける場所でもあるのです。

　　　　フレンチの賢人・谷シェフの薫陶を受けた"三兄弟"が今もすべて、
　　　　　　美味しさを叶えるプロの技と、日々の食事作りに役立つアイデアを
　　　　　　　本書で惜しげなく披露してくれています。
　　　　　　メニューは、ここでしか知り得ない逸品ばかりです。
　　　　　　ときには贅沢にも谷シェフのまかないまで！
　　　　　　　とても有意義で頼もしい1冊になりました。
　　　　　どうぞ"三兄弟"のメソッドをお試しになってみてください。

谷シェフを笑顔にさせる 僕たちの十八番

オムライス 8
マカロニグラタン 10
親子丼 12
しょうゆラーメン 14
チャーシュー 15
麻婆豆腐 16
水炊き 18
コック・オ・ヴァン 20
ハンバーグ 22

身近な材料で とびきり美味しい、肉と魚

豚ロースのみそ漬け焼き 26
ミートボール 28
ドルマ 29
角煮 30
蒸し豚のロースト 31
しょうが焼き 32
ポテ 33
サムギョプサル 34
プーレ・オ・ヴィネーグル 36
フリカッセ 37
タンドリーチキン 39
がめ煮 40
チキン南蛮 41
棒棒鶏 42
照り焼きチキン 43
メンチカツ 44
牛すね肉の煮込み 46
アショア 48
秋刀魚のフライ 梅ソース 49
鯖のみそ煮 50
鰤のバスケーズ 52

スープ
中華風かき玉スープ 54
かぶのクリームスープ 55
キャベツのスープ 55
ほうれん草とあさりのチャウダー 56
ガスパチョ 56
根菜ノルマンド 57
豚汁 57
キムチスープ 76
潮汁 87

一皿で大満足！
最強のご飯と麺

亮平さんのビーフカレー	60
大橋さんのバターチキンカレー	61
野水さんのキーマカレー	61
ターメリックライス	63
チャパティ	63
きのこたっぷり炊き込みご飯	64
牛肉のしぐれ煮混ぜご飯	66
ビリヤニ	67
豚丼、亮平流	68
ごぼうのかき揚げ丼、野水流	68
三色そぼろ丼、大橋流	69
明太子スパゲッティ	72
特製ケチャップのナポリタン	73
ネバネバ蕎麦	74
鶏そば	75
谷さんの韓流定食	76
ご飯のおとものり	76
卵かけご飯	77

サラダ＆副菜

きゅうりとわかめの酢のもの	13
万能ねぎの辛味しょうゆ漬け	19
クリームフェットゥチーネ	21
ゆで野菜サラダ	23
じゃがいものオーブン焼き	23
レタスのソテー	27
もやしのナムル	35
えのきソテー	38
フスィリパセリバター	38
オクラのスパイスソテー	39
玉ねぎサラダ	41
焼き野菜	43
焼きねぎの煮びたし	51
福神漬け	62
きゅうりとヨーグルトのサラダ	63
茶碗蒸し	65
豆苗と油揚げの和えもの	65
カリフラワーといかのごま和え	71
押し麩の三杯酢和え	76
ピエモンテーズ	78
白菜とりんごのサラダ	78
豆腐サラダ	79
豚しゃぶとごぼうのサラダ	79
春雨サラダ	80
紅白なます	80
ほうれん草のおひたし	87
紫キャベツのごまコールスロー	89
激甘卵焼き	95
かぶの浅漬け	95

調味料

ポン酢	19
辣油	81
中華だれ	81
マヨネーズ	81
三杯酢	81
特製ケチャップ	81
ごまだれ	81
ヴィネグレット	81

ときにはごちそう、
食いしん坊のメニュー

東京すき焼き	84
ちらし寿司	86
コートレット・ブッフ	88
扁炉〜ピエンロー鍋〜	90
丸鶏の蒸し煮	92
グラタン・ドゥフィノア	93
鮪の漬け丼	94

ル・マンジュ・トゥーのお楽しみ

カスタードプリン	24
バナナケーキ	58
白玉あずき	82

この本の決まりごと

＊ル・マンジュ・トゥーのまかないは1人分の分量が多めです。作りやすい分量、一般の方の胃袋に寄せた分量に設定してありますが、主素材を目安に、作る量を調整してください。

＊材料表中の分量と、でき上がり写真の分量が必ずしも同じとは限りません。

＊プロセス写真は工程を説明するためのもので、必ずしも材料表中の分量と同じとは限りません。

＊材料の分量には、g表記に加え、ほかの単位も用いています。それは、味つけのバランスをわかりやすく伝えるためだったり、量りやすさのためだったりします。

＊材料のg数はとくにことわりがない限り、廃棄量を含む分量です。

＊大さじ1＝15ml、小さじ1＝5mlです。

＊オリーブ油と表記してあるものはエキストラバージンオリーブオイルを指します。

＊バターは食塩不使用タイプを使用しています。

＊コーンスターチは片栗粉で代用できます。

＊型や器に塗るバターや油は分量外です。

＊仕上げの調整に加える塩は分量外です。

＊材料をゆでたり、湯煎にかけるときに使用するなど、材料表以外の水はすべて分量外です。

＊とくにことわりがない限り、作り方で野菜などを洗う、皮をむく、ヘタを取るなどの基本的な下処理は省略してあります。

＊オーブンの温度や焼き時間は機種や季節によっても差が出ます。レシピを目安に、お手持ちのオーブンに合わせて調整してください。

Le Mange-Tout メソッド

フライパン

ル・マンジュ・トゥーでは、フライパンはフッ素樹脂加工のものを使用。調理のしやすさはもちろん、焦げつきもなく汚れもサラッと落とせるのが魅力だが、意外にも臭いは残る。次の料理に影響しないよう、洗剤で洗ったあとに水を入れて数分沸騰させ、臭いを消し去るのがお決まりの手入れ法。

バットの扱い

バットの縁には巻き込みがあり、洗ったあとにここに水が残りやすい。必ずとんとんと叩いて水を出し、きれいに拭ききって収納する。これも衛生管理のひとつ。似た構造のものなら鍋の蓋など、調理器具全般に言えること。

「漉す」意味

フレンチで「漉す」場合はシノワが一般的だが、家庭ならざるで構わない。ただし、「漉す」意味を考えて使い分ける。レシピ中に「ペーパーを重ね」と表記されているのは、余分なものを徹底的に取り除きたい場面。シノワを二重にすればさらに精度が高まる。かと言ってシノワを揃える必要はない。ペーパーを重ねれば、ざるでも充分に役割を果たす。

まかないの器

レストラン営業と同じ器に盛りつけるのがル・マンジュ・トゥーのまかないルール。いかなるときも手抜きはせず、美しく、という谷シェフの教えから。メニューによって、ご飯用の小さめの丼や汁用の椀、箸が加わる。ときにはバットやボウルも登場するが、それも愛嬌。

塩のこと

美味しさの指針となるのが塩加減。素材に対しての塩の分量が合っていれば、あるいは許容範囲であれば、残念な結果にはならない。肉で言うなら、「重さの0.8％」が塩のベースになり、用途によって前後させる。また、塩は「積み重ねる」もの。トータルの分量は同じでも、調理の過程で少量ずつふることで味が馴染んでいく。

砂糖のこと

登場する砂糖は主に2つ。ミネラル分を含み、旨味に直結する上白糖。精製度が高くミネラル分が少ないぶん旨味もないが、素材の味を邪魔しない、ゆえに菓子作りなどに最適なグラニュー糖。これらを使い分ける。

谷シェフを笑顔にさせる
僕たちの十八番

家庭でもそうであるように、定番のメニューというものがあります。
頻度が高いということは、谷シェフのお墨付きをもらっているということ。
なかにはル・マンジュ・トゥーの掟「時間内に作る」に当てはまらない料理も登場します。
ただそれは、手間ひまかけて丁寧に作る、ということは、時間だけがかかっているわけではありません。
美味しさを極めるために、必要な手順、メソッド、コミュニケーションを猛スピードでこなしているのです。
そういった「手間」のかけ方も感じていただけると嬉しいです。

オムライス

チキンライスの野菜は米と大きさを揃えて切り、一体感を出します。
具になる鶏肉もいつも通り皮をパリッと、美味しそうな焼き色がつくまでしっかり焼くこと。食感がまるで違ってきます。
卵をきれいに包むのが初めてで難しければ、皿にのせてからペーパーをかぶせて整えてもいいでしょう。

材料

[チキンライス]※4人分
鶏もも肉 … 2枚（350g）
塩 … 2g
サラダ油 … 15g
玉ねぎ … 120g
にんじん … 90g
マッシュルーム … 60g
バター … 70g
特製ケチャップ（p.81参照）… 100g
しょうゆ … 10ml
ご飯（温かいもの）… 500g
[卵液]※1人分
　卵 … 3個
　塩 … 0.5g
バター … 10g
[ソース]※1人分
　特製ケチャップ（p.81参照）… 30g
　練り辛子 … 3g
　リーペリンソース（ウスターソース）… 4g
　＊材料をすべて混ぜ合わせる。

1 鶏肉は身側に塩をもみ込み、10分ほどおく。フライパンにサラダ油、鶏肉を入れ、中火で美味しそうな焼き色がつくまで焼く（p.13-1参照）。

2 焼いた鶏肉は冷やし、1cm角に切る。
point 冷やすと肉がしまって均一に切り揃えることができる。皮を上にしてバットなどに置き、冷蔵庫に入れておくとよい。

3
玉ねぎ、にんじん、マッシュルームはみじん切りにする。

4
フライパンにバターを中火で熱し、溶け始めたら3を加えて炒める。2分ほど炒めて玉ねぎのツンとした香りが消えたら2を加え、混ぜる。

5
ご飯を加えてほぐしながら炒め、ケチャップを加える。酸味が飛び、少し焦げるような香りが立ってくるまで炒め、しょうゆを回しかける。
point ご飯は温かいほうがパラパラになりやすい。しょうゆを加えるとコクが出る。

6
ボウルに卵を割り入れてカラザを取り、泡立てないように溶き、塩を加え、濃厚卵白を切るように混ぜる。
point 濃厚卵白は切りすぎない。切りすぎると結着しにくくなる。また、空気を含んだ卵は火を入れると膨らみ、失敗の原因に。

7
きれいにしたフライパンにバターを入れて強火にかけ、フライパンを回して全体に行き渡らせる。
point フライパンの向こう側はオムライスを形作る重要ポイント。しっかりバターを行き渡らせる。

8
卵液を一気に流し入れ、フライパンを前後に動かしながら、菜箸で外側から内側に螺旋を描くように混ぜる。半熟になったら、チキンライスの1/4量を中央にのせる。

9 フライパンを向こう側に傾け、柄をトントンと叩き、フライパンの側面のカーブを利用しながら形を整え、チキンライスを包む。フライパンを立てて持ち、ひっくり返して皿にのせる。ソースをかける。

オムレツは「皮」を作るのと同様、オムライスの卵も1枚の皮のように続き、なおかつ2〜3mmほどの薄さでチキンライスを覆う。これがル・マンジュ・トゥーの極意。成功の秘訣はスピードとタイミング。

マカロニグラタン

普段まかないでグラタンを作るときの器は、なんとバットなのだそうです。
ベシャメルソースの途中、牛乳から鶏ガラスープに変えるのが、まかないらしい工夫。
経費節約作戦と、バターと牛乳が高級なものでなくても、鶏ガラで旨味を補強できる
という魅力が生まれます。ベシャメルとヴルーテのいいとこ取りの簡略方式。
具材にチキンライスを入れても美味しいです。

材料
（26×33×深さ5cmのバット1個分）

マカロニ … 300g
鶏もも肉 … 4枚（1kg）
塩 … 8g（肉の0.8%）
サラダ油 … 大さじ1
ほうれん草 … 1束（150g）
［ブール・ノワゼット］
　バター … 10g分
［ベシャメルソース］
　バター … 100g
　強力粉 … 100g
　牛乳 … 1ℓ
　鶏ガラスープ … 1ℓ
　＊湯1ℓに鶏ガラスープの素10gを溶かす。
　塩 … 6g
　白こしょう … 適量
パン粉 … 100g
粉チーズ … 100g

1 鶏肉は身側に塩をもみ込み、30分おく。フライパンにサラダ油、鶏肉を入れ、中火で美味しそうな焼き色がつくまで焼く（p.13-**1**参照）。マカロニは表示通りにゆで、ざるに上げる。ほうれん草は適当な大きさに切る。

2 ブール・ノワゼットを作る。フライパンにバターを入れて中火にかけ、回しながらバターを溶かす。大きな泡が出てくるが、焦げを均一にするため回し続ける。徐々に色づき、泡が細かくなってすっと落ちる瞬間があるが、この状態が完成。

[point] 泡が細かくなってから完成まではあっという間。余熱で焦げが進むので火を止める。

3 **2**のブール・ノワゼットでほうれん草をソテーする。

4 鶏肉は一口大に切り、マカロニ、**3**とともに耐熱容器に入れる。
※まかないではバットを使用。

[point] 具を容器に入れることで、分量が見てとれ、適したサイズの容器を選ぶことができる。ベシャメルソースを加えることを考慮して、具は7～8割程度に。

5 ベシャメルソースを作る。鍋にバターを入れて中火にかけ、ある程度溶けたところで火を止め、強力粉を一気に加える。弱火で鍋底から全体を絶えずかき混ぜながら、焦がさないように炒める。団子状が滑らかになり、ツヤが出て、へらで鍋底をかくと跡が残るようになる。さらに炒めてふつふつと泡立ち、手応えが軽くなったら粉に火が入った証拠。へらでかいても跡は残らず戻ってくる。これがルー・ブラン。

6 ルー・ブランに牛乳を少しずつ加え、鍋底から絶えず混ぜる。団子状が徐々に滑らかになり、ツヤが出てくる。牛乳を加え終えたら鶏ガラスープを加え、混ぜる。塩、こしょうを加えて味を調える。

7 **6**に**4**を加えてひと混ぜし、バットに入れる。パン粉と粉チーズを混ぜてふり、180℃のオーブンで表面に美味しそうな焼き色がつくまで焼く。

Le Mange-Tout メソッド

臨機応変な判断力で旨味増

ベシャメルソースを作る際、肉汁を加えると旨味が増す。ただし必須ではない。鶏肉にも個体差があるので肉汁が美味しいとは限らない。鶏肉を焼き、肉汁を味見して美味しければとっておいて加える。

親子丼

鶏肉はしっかり焼くことで香りとコクが出て、濃い味つけのつゆと相性が良くなります。
玉ねぎは食感を残して仕上げるのが好み。
卵は2回に分けて加えることで、固めと半熟のグラデーションを楽しめます。
一味や七味唐辛子、粉山椒などをふっても美味しいです。

材料（4人分）

- 鶏もも肉 … 2枚（360g）
- サラダ油 … 小さじ2
- 玉ねぎ … 1個（250g）
- 三つ葉 … 適量
- 卵 … 12個（1人3個）
- A
  - 水 … 200g
  - しょうゆ … 70g
  - みりん … 70g
  - 上白糖 … 30g
- のり … 適量
- ご飯 … 適量

1 フライパンにサラダ油、鶏肉は身側を下にして入れ、中火で30秒ほど焼き、肉の色が白っぽくなったら裏返す。常に肉の下に油がある状態を保ち、出てきた脂はスプーンですくって肉にかけながら、美味しそうな焼き色がつくまで焼く。出てくる脂が多すぎる場合は捨てる。

[point] 身を先に少しだけ焼くのは反り返りを防ぐため。脂をかけながら焼くことで身側からも火が入り、厚い部分にもムラなく火が通る。肉は返さず、皮が下のまま。

2 鶏肉は2.5cm角に切る。

3 玉ねぎは細めのくし形切りにする。三つ葉は2cm長さに切る。

4 のりは直火であぶり、色紙切りにする。

[point] のりはざらついた面同士を合わせてあぶるとパリッと仕上がる。ざらついた面に火を当てると焦げやすい。

5 1人分ずつ作る。ボウルに卵3個を割り入れ、さっくり溶く。

6 小さめのフライパンに1人分のAと玉ねぎを入れて強火にかける。玉ねぎが透き通ってきたら鶏肉を加え、ひと煮立ちさせる。器にご飯をよそっておく。

7 溶き卵の半量を「の」の字を書くように細く流し入れ、フライパンを揺すりながら菜箸でざっとひと混ぜしてほぐす。弱火にして残りの溶き卵を同じように流し入れ、三つ葉を散らし、蓋をして15秒蒸らし、火を止める。ご飯の上に滑らせるようにのせ、のりを散らす。

Le Mange-Tout メソッド

普段の鍋

まかないの親子丼は通常、直径30cmもある大鍋で一気に作る。とくに卵料理の火加減はプロでも難しいところだが、みんな揃ってテーブルを囲み、熱々をいただく。この大鍋は鍋料理などのときにも活躍する。

おすすめ副菜

きゅうりとわかめの酢のもの

きゅうりは塩もみして水分を出すことで、三杯酢が入り、はっきりした味に。

材料（作りやすい分量）

- わかめ（塩蔵）… 50g
- きゅうり … 3本（300g）
- 塩 … 1g
- 三杯酢（p.81参照）… 100g

1 わかめは水洗いしてから水に5分つけて塩を抜き、水気をきって食べやすい大きさに切る。

2 きゅうりは輪切りにし、塩もみして10分おき、水分を捨てる。

3 1、2、三杯酢を合わせる。

しょうゆラーメン

「うちのラーメン美味しいんです！」。
三兄弟が満面の笑みで自慢するまかないは、谷シェフのお墨付き。
フレンチのテクニックが随所に見られるスープは絶品で、
営業準備の傍ら、隣のコンロに大鍋をかけて用意します。
仕上げは麺をゆでる人、トッピングをのせる人、と共同作業。
調理道具のステンレスボウルを器に、
1人2玉ぺろりと平らげるそうです。

材料（4人分）
中華麺 … 4玉（1人1玉）
[スープ]
- 鶏ガラ … 1.5kg
- 昆布 … 30g
- 酒 … 200ml
- A
  - 長ねぎ（青い部分）… 1本分
  - しょうが（皮つきで薄切り）… 30g
  - 鶏ガラスープの素 … 15g
  - 水 … 5ℓ
- 卵白 … 120g
- しょうゆ … 70g

[トッピング]
- チャーシュー（薄切り）… 適量
- 長ねぎ（白い部分。小口切り）… 適量
- 煮卵 … 適量

＊鍋に卵4個とかぶるくらいの水を入れて強火にかけ、沸騰したら火を弱めて4分、半熟にゆでる。殻をむき、スープ150g（または水150g、鶏ガラスープの素2g）、しょうゆ40g、みりん30gを合わせて沸かしたたれに漬ける。

1

鶏ガラは内臓が残っていれば取り除き、洗って5cmほどのぶつ切りにする。170℃のオーブンで30〜45分、香ばしく焼く。

2

鍋にAを入れて強火にかける。沸騰したらアクを取り、弱火にして4時間ほど煮る。出てきたアクはこまめに取り、水分が減ったら足す。
point 鶏ガラスープの素を加えるのは、味の補強のため。水分を足して再沸騰する際にアクが出るので、その都度取る。

3

ペーパーを重ねたシノワで漉し、スープを半量になるまで煮詰め、60℃以下に冷ます。

4

ボウルに卵白を入れ、コシをきる。3を200mlほど加えて混ぜ、鍋に戻す。
point「コシをきる」とは濃厚卵白を潰してサラサラの状態にすること。スープにしっかり馴染ませるのが目的。

5

鍋を強火にかけ、沸騰したら弱めの中火にして5分ほど加熱し、卵白が浮いて固まるのを待ち、ペーパーを重ねたシノワで漉す。しょうゆを加えてひと煮立ちさせ、スープの完成。
point 卵白の固まるときにアクを吸着する作用を利用してスープの雑味を除き、濁りのない澄んだスープに仕上げる。

6 中華麺をゆでて水気をきり、器に入れる。スープを注ぎ、トッピングを飾る。

【チャーシュー】

材料（作りやすい分量）
- 豚肩ロース肉 … 500g

[漬けだれ]
- しょうゆ … 120g
- 上白糖 … 150g
- 甜麺醤 … 20g
- にんにく（すりおろす）… 10g
- しょうが（すりおろす）… 10g
- 酒（あれば紹興酒）… 20g
- 五香粉 … 適量

1

豚肉は味が染み込むように全体に串を刺す。たこ糸で縛り、形を整える。漬けだれに漬け、冷蔵庫に一晩おく。

2

1を180℃のオーブンで焼く。15分焼いたら取り出し、漬けだれにからめ、上下を返して再び15分焼く。これを繰り返し、45分〜1時間焼く。

3

金串を中心部に刺して5秒待ってから抜き、金串が熱ければ中まで火が通ったサイン。冷めたらたこ糸を取り、薄く切る。

麻婆豆腐

麻婆豆腐は谷シェフの大好物。
と聞けば、登場頻度も高そうですが、実際のところは逆。
自信がなくて躊躇していたそうです。しかし笑顔を見るために奮起。
折り紙付きの銀座の中華料理店に食べに行くなど勉強を重ね、
秘訣をものにします。至高のレシピに行き着いた今、三兄弟の腕が鳴ります。

材料（2人分）

- 牛ひき肉 … 500g
- サラダ油 … 大さじ2
- 豆腐（木綿）… 1丁（400g）
- 豆板醤 … 15g
- A
  - にんにく（みじん切り）… 10g
  - しょうが（みじん切り）… 15g
  - 花椒（ホール）… 2g
  - 豆豉 … 20g
- B
  - 甜麺醤 … 60g
  - しょうゆ … 20g
- C
  - 酒（または紹興酒）… 50g
  - 鶏ガラスープ … 253g
  - ＊湯250mlに鶏ガラスープの素3gを溶く。
- 長ねぎ（みじん切り）… 50g
- 水溶きコーンスターチ
  … コーンスターチ5g：水40ml
- 粉花椒 … 好みで適量
- ごま油 … 好みで適量

1

フライパンにサラダ油大さじ1、ひき肉を入れ、強めの中火でほぐしながら「炒め殺す」。ざるに上げて脂をきる。

point 「炒め殺す」とは、ひき肉1粒1粒を香ばしく炒め上げることで、余分な脂が抜ける。また肉のジューシーさを閉じ込める。

2

豆腐は一口大に切る。鍋にたっぷりの水とともに入れて火にかけ、ひと煮立ちしたらざるに上げる。

point 豆腐はゆでることで水分が抜け、つまり味が入りやすくなり、崩れにくくなる。

3

豆豉は洗って水気をきり、粗みじんに切る。ほかの材料、調味料を用意する。

point 調味料はあらかじめ計量して準備し、慌てずに調理する。

4

フライパンにサラダ油大さじ1を弱めの中火で熱し、豆板醤を加え、じっくり火を通す。

point 油に色と香りをつけるのが目的。

5

香りが出たらA、1、Bの順に加え、牛肉に調味料をからめながら香ばしく炒める。

point 調味料は加えたらその都度しっかり炒め、風味を引き出す。

6

Cを加え、3分ほど煮る。

point 炒め殺した牛肉は硬くなっているので、煮汁の旨味を吸わせつつ柔らかくもどす。

7

ひき肉が柔らかくなったら長ねぎ、豆腐を加え、さっと混ぜ合わせる。水溶きコーンスターチを加え、豆腐を崩さないように混ぜながらひと煮立ちさせ、とろみをつける。

8

皿に盛り、好みで粉花椒をかけ、熱々のごま油をかける。

水炊き

福岡の専門学校に通っていた亮平さんは、かの地の郷土料理もお得意。
つくねを加える前の鶏のスープを楽しむのが本式ですが、まかないでは他の材料も一気に加えて仕上げます。
熱々を手作りポン酢で頬張る美味しさは格別。ポン酢も自慢のレシピです。ぜひお試しください。
鍋のおともに副菜もどうぞ。辛味のアクセントが水炊きによく合います。

材料（4人分）

鶏もも骨つき肉 … 2本（360g）
鶏手羽元 … 10本（600g）
[つくね]
A ｛
　鶏ひき肉 … 300g
　長ねぎ（みじん切り）… 30g
　しょうが（みじん切り）… 15g
　酒 … 10ml
　塩 … 2g
｝
大根 … 1/2本（400g）
しいたけ … 6個（180g）
白菜 … 1/6株（600g）
えのきたけ … 2束（380g）
長ねぎ … 2本（150g）
マロニー … 100g
春菊 … 1束（200g）

1 大根は7mm厚さの半月切り、しいたけは軸を取って半分に切る。白菜は芯と葉に分けて食べやすい大きさに切る。えのきたけは根元を切り落としてざっとほぐす。長ねぎは斜め切りにする。マロニーはゆでて食べやすい長さに切る。春菊は食べやすい長さに切る。

2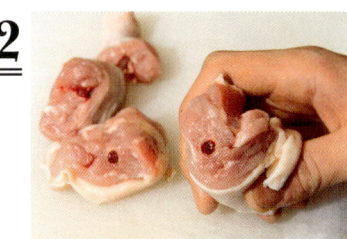
鶏もも肉は関節から半分に切り（p.21-1参照）、さらに髄を切る。
point 髄を切るのは、まず臭みのアクを取り除きやすくし、出汁をとる際に旨味とゼラチン質を出しやすくするため。

3 つくねの材料を合わせ、よく練る。

4
鍋に**2**、鶏手羽元、材料が隠れる量の水を入れ、強火にかける。沸騰したら弱火にし、5分ほど煮る。アクが出てくるが、「アクがアクを呼ぶ」のを待ち、固まったところで一気に取る。
point 澄んだスープをとるために、沸騰したら弱火にして決して煮立たせないこと。また、浮いたアクが沈まない火加減を保つ。

5
アクをきれいに取ったら減った分の水を加え、火を強める。再び沸騰したら、つくねを加える。
point つくねはバットに入れ、角を利用しながらスプーンでまとめ、鍋に落とす。

6 つくねに火が通って形が安定したら、大根、しいたけを加えて煮る。火が通ったら白菜の芯、葉、えのきたけを加えて煮る。長ねぎ、マロニーを加えて煮、最後に春菊を加えて火を止める。ポン酢でいただく。
point 材料は出汁の出るもの、硬いものから順に加える。春菊は火を入れると苦味が出るので最後に加え、すぐに火を止める。

ポン酢

材料（作りやすい分量）
しょうゆ … 50ml
柚子の皮（削る）・絞り汁（50ml）… 2個分
みりん … 30ml
和風だしの素 … 2g

1 材料をすべて混ぜ合わせる。
point 柚子はレモンでも代用可能。その場合は酸が強いので、みりんの量を少し増やす。アルコールが苦手な人は、みりんのアルコール分を飛ばしてから混ぜる。

おすすめ副菜

万能ねぎの辛味しょうゆ漬け

鍋はもちろん、ご飯もすすむ万能副菜。卵かけご飯に合わせるのもおすすめです。保存も効くので、シャキシャキ、しんなり、両方をお楽しみください。

材料（作りやすい分量）
万能ねぎ … 2束（200g）
A ｛
　韓国産唐辛子（粗びき）… 12g
　白いりごま … 5g
｝
しょうゆ … 150ml

1 万能ねぎは7cm長さに切り揃える。
2 保存容器に**1**を入れ、Aをかけ、しょうゆを注ぐ。30分経ったら上下を入れ替える。1時間ほどで食べ頃に。冷蔵庫で1週間ほど保存が可能。
point 漬けだれは再利用可能。

コック・オ・ヴァン

「煮込みの鶏肉は絶対に骨つき」だそうで、なぜなら「美味しいから」。
骨まわりの旨味が煮汁に溶け出して濃厚な味わいを楽しめる、と教わればプロが骨つきを推すのも頷けます。
また、煮込みの赤ワインには、色濃く、コク深さを出せるカベルネ・ソーヴィニヨンをセレクト。
これは谷さんの嗜好ですが、三兄弟も然り。ル・マンジュ・トゥーに受け継がれる味なのです。

材料（4人分）

鶏もも骨つき肉…8本（1本180g）
[マリネ液]
　赤ワイン…700ml
　赤ワインヴィネガー…50ml
塩…11.5g（肉の0.8％）
サラダ油…適量
強力粉…30g
A｜赤ワイン…500ml
　｜鶏ガラスープの素…5g
ベーコン（5mm幅に切る）…100g
マッシュルーム…20個（240g）
[ブール・ノワゼット]
　バター…20g分
[ミロワール]
　赤ワイン…100g
　赤ワインヴィネガー…10g
[ブール・ノワゼット]
　バター…15g分

【クリームフェットゥチーネ】
フェットゥチーネ…3個（75g）
オリーブ油…適量
B｜生クリーム…100ml
　｜バター…20g
　｜塩…1g
イタリアンパセリ（みじん切り）…1g
＊パスタは表示通りにゆでてオリーブ油をからめ、Bで煮、イタリアンパセリを混ぜる。

1

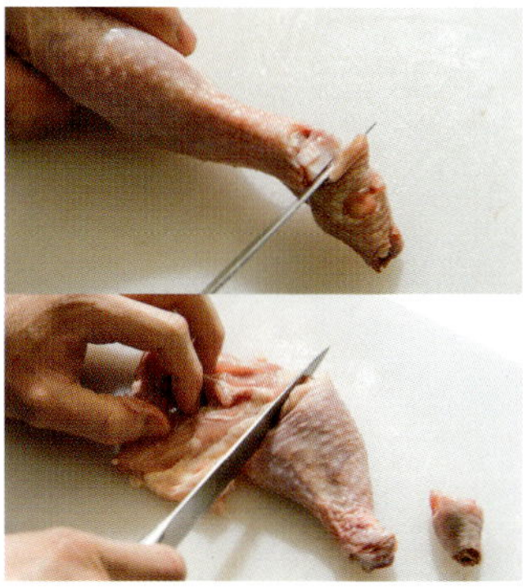

鶏もも肉は足先を切り落とし、ももとすねに切り分ける。筋の5mmほどすね側の関節に包丁がすっと入る箇所がある。

2

1はマリネ液に漬け、冷蔵庫に一晩おく。

[point] まんべんなく漬け込むため、シワが寄らないように皮をのばして漬ける。

3

ざるに上げ、鶏肉とマリネ液に分ける。鶏肉は塩をもみ込む。

[point] 塩は皮をのばしてもみ込み、短時間でも全体に行き渡るようにする。

4 鍋にマリネ液を入れて強火にかけ、沸騰してアクが出てきたらペーパーを重ねたシノワで漉す（p.47参照）。

[point] 水分が少ないとアクがうまく固まらないので、マリネ液が少ない場合は水を足す。

5

フライパンにサラダ油、鶏肉を入れて中火にかける。肉の下に油がある状態を保ちながら、全面に濃い焼き色をつける。すねは転がしながら、ももは身の部分もしっかり焼く。脂が多ければその都度ペーパーで拭き取る。

6

鍋に5を油をきって入れ、弱中火にかける。強力粉をふり入れ、全体にまとわせサンジェする（p.38参照）。馴染んだら4、A、材料がひたひたになる量の水を加える。アクが出てきたら取り、弱火で30～40分、鶏肉が柔らかくなるまで煮る。

7 ブール・ノワゼット20gを作り（p.11-2参照）、ベーコン、マッシュルームを炒め、6に加える。15分ほど煮たら具材を取り出し、煮汁を強火で半量になるまで煮詰める。

8

ミロワールを作る。鍋に材料を入れて強火にかけ、焦げないように、水分が飛んでとろみが出るまで煮詰めてツヤを出す。煮詰める目安は1/8量ほど。

9

7の煮汁に8、ブール・ノワゼット15gを加えて混ぜ、ソースを作る。

10 皿にクリームフェットゥチーネを敷き、鶏肉を盛る。ベーコン、マッシュルームを飾り、ソースをかける。

Le Mange-Tout メソッド

パスタの栄養

デュラムセモリナから成るパスタ。煮込みと相性抜群なのは言わずもがな、まかないに於いてはもうひとつの側面がある。それは優れた栄養面。主食は米の場合が多いが、デュラムセモリナには身体に必要な三大栄養素、炭水化物（糖質）、たんぱく質、脂質がバランスよく含まれていると言われている。足りないミネラルをソースで補えることを考えると、理に適う。

ハンバーグ

フライパンの側面を利用して焼くアイデアが秀逸です。4人家族分も一度に焼くことができて、8人分のまかないでもフライパン2つで楽々完成。ハンバーグのこの形は、ラグビー経験者の大橋さんがボールからヒントを得たのだとかそうでないとか。

材料（4人分）

- 合いびき肉〔牛7：豚3〕… 500g
- 玉ねぎ … 1/2個（150g）
- バター … 15g
- A
  - パン粉 … 50g
  - 牛乳 … 50g
  - ＊パン粉と牛乳は合わせておく。
  - 卵 … 1個
  - 塩 … 4g
- ［バターしょうゆソース］
  - しょうゆ … 50g
  - バター … 100g
  - 玉ねぎ（すりおろす）… 1/2個（150g）
  - 黒こしょう … 適量

1 玉ねぎはみじん切りにする。フライパンに玉ねぎ、バター、水を入れ、中火で甘味が出るまで炒める（p.47参照）。

2 ボウルにひき肉、1、Aを入れ、手早く、粘りが出るまでよく練る。

point ひき肉は冷やしておく。肉の分量が多くてもまとまりやすくなる。ボウルの底を氷水に当てながら練ってもよい。

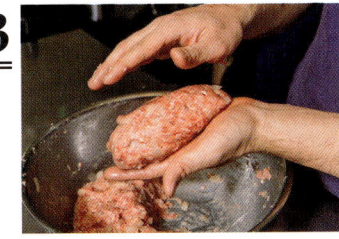

2を4等分し、左右の手でキャッチボールをして空気を抜く。ラグビーボール形に整える。

4 フライパンに**3**を入れ、中火で焼く。側面を利用し、焼き色がついたら45度ほど回転させ、常にハンバーグの下に脂がある状態を保ちながら焼く。出てきた脂はかけながら焼くが、味見して残念なら拭き取る。6〜7分焼き、一番厚みのある場所に串を刺し、透明な肉汁が出てくれば焼き上がり。

point 焼くときは肉から出てくる脂を利用し、サラダ油は使わない。焼き進めると脂が出てくるので心配無用。完成形は角のない丸みが理想。それを意識して回転させる。

5 ソースを作る。鍋にしょうゆを入れて強火にかけ、半量ほどに煮詰める。バター、玉ねぎを加え、ひと煮立ちさせる。こしょうを加える。

6 皿にハンバーグを盛り、ソースをかけ、じゃがいものオーブン焼きとゆで野菜サラダを添える。

【じゃがいものオーブン焼き】

材料（作りやすい分量）

- じゃがいも … 3個
- 岩塩 … 2g
- バター … 10g

1 じゃがいもは洗い、濡れたまま岩塩をまぶし、バターとともにアルミ箔で包み、150℃のオーブンで40分焼く。魚焼きグリルでもOK。

おすすめ副菜

ゆで野菜サラダ

野菜はお好みのゆで加減で構いませんが、長ねぎは柔らかくゆでたほうが甘味も出てくるのでおすすめ。いろいろ歯ごたえがあったほうが美味しいです。

材料（4人分）

- ブロッコリー … 1株（150g）
- さやいんげん … 20本（150g）
- オクラ … 10本（150g）
- 長ねぎ（白い部分）… 1本（100g）
- ヴィネグレット（p.81参照）… 40〜50g

1 ブロッコリーは小房に分ける。さやいんげんはヘタを切り落とす。オクラは板ずりし、ヘタと硬い部分を取る。長ねぎは縦半分に切る。

2 それぞれ好みの硬さにゆでて水気をきり、熱いうちにヴィネグレットと混ぜる。

カスタードプリン

まかないのプリンは、バニラビーンズのさやを再利用します。香りがあれば、種がなくてもさやだけで充分！
店で使った残りのさやを洗って風通しのいい場所で自然乾燥、あるいは暖かい場所において乾燥させます。
もしこの「2番手バニラ」でプリンを作るなら、分量は2〜3本といったところでしょうか。
香りがある限り仕事をしてくれるので、「3番手バニラ」もありえます。
再利用バニラは砂糖に混ぜておいてもいいですし、
それをミキサーにかければ風味のいいバニラシュガーになりますよ。
今回は本書用に新しいバニラビーンズを丸ごと使うレシピにしています。

材料（16×27×深さ3cm・容量600mlの耐熱容器1個分）

A
- 牛乳 … 500g
- グラニュー糖 … 100g
- バニラビーンズ … 1/2本

B
- 全卵 … 3個
- 卵黄 … 1個

［カラメル］
- グラニュー糖 … 100g
- 水 … 10ml

1. カラメルを作る。小鍋にカラメルの材料を入れて強火にかけ、しっかり色づくまで煮詰める。茶色くなったら火からおろし、余熱で火を通す。熱いうちに耐熱容器に注ぎ、冷やし固める。

2. バニラビーンズはさやに切れ目を入れ、種をしごき出す。鍋にAを入れて強火にかけ、沸騰させる。

3. ボウルにBを溶き、2を加え、泡立て器で泡立てないように丁寧に溶き、漉す。

4. 1に3を注ぎ入れ、蒸気の上がった蒸し器に入れ、強火で2〜3分、弱めの中火にして30分蒸す。粗熱がとれたら、冷蔵庫で冷やす。

身近な材料で
とびきり美味しい、肉と魚

ル・マンジュ・トゥーのまかないは豚肉と鶏肉が中心なのだそうです。理由は明快、お手頃だから。
そして魚は新鮮なものをお刺し身でいただくか、焼き魚にすることがほとんど。
ですからここでは、使い勝手のいい豚肉と鶏肉のメニューと、
お財布に負担のかからない牛肉メニュー、
プロ技満載の魚料理をご紹介します。何度も繰り返し作りたくなる厳選レシピです。

豚ロースのみそ漬け焼き

豚肉は好みの厚さでどうぞ。その際は漬け時間を加減してください。
2.5〜3cm厚さの豚肉なら2日漬け込むのがベストです。味がよく染み込んで、肉の筋も柔らかくなります。
このみそ床は2回ほど使えますし、ほかの肉にも合います。

材料（2人分）
豚肩ロース肉（2.5〜3cm厚さ）…2枚（1枚200g）
[みそ床]
　白みそ…200g
　上白糖…50g
　酒…30g
　みりん…50g
　サラダ油…大さじ1

【レタスのソテー】
レタス…1/2個
オリーブ油…適量
塩…少量

---

1 みそ床を作る。上白糖、酒、みりんを混ぜ合わせ、上白糖が溶けたら白みそを加えて混ぜる。

2
豚肉は1に漬け、ラップをし、冷蔵庫に一晩から3日おく。
point ラップをするとみそ床が少なめでも効率的に味が入り、冷蔵庫内で汗をかいた際の蓋から落ちてくる水滴防止にもなり衛生的。

3
豚肉はみそ床をしっかり拭い取り、キッチンペーパーでよく拭く。
point 焼く15分前には室温にもどしておく。

4 フライパンにサラダ油を入れて弱〜中火にかけ、温まらないうちに3を入れて焼き、熱くなったら裏返す。
point 最初に軽く焼くことで反りを防ぎ、形よく仕上げることができる。

5
揺すりながら、常に肉の下に油がある状態を保ちながら焼く。美味しそうな焼き色がついたら裏返し、5〜8分焼く。肉を指で押して弾力が均一なら火が入ったサイン。あるいは肉の中心を串で刺し、透き通った肉汁が出てくればOK。
point 出てくる肉汁は焦げの原因になるので、余分な脂とともにキッチンペーパーなどでこまめに取り除く。

6 皿に豚肉を盛り、レタスのソテーを添える。

【レタスのソテー】

1 レタスは芯をつけたまま4等分に切る。

2
フライパンにオリーブ油を中火で熱し、1を切り口から焼く。焼き色がついたら、もう一方の切り口を下にして同様に焼き、葉の面を焼いて塩をする。
point この順番で焼くとまんべんなく焼き色がつき、火も通しやすい。

ミートボール

中華風でバリエーションをつけるなら、ミートボールに
花椒や五香粉などを加えるのもいいでしょう。より本格的な風味になります。
ミートボールはこのまま、ソースをトマト系にしても合いますし、
細切り野菜を加えた和風あんかけも美味しいです。

材料（2〜3人分）
豚ひき肉…500g
A
　玉ねぎ（すりおろす）…1/4個（50g）
　しょうが（すりおろす）…10g
　白いりごま…15g
　しょうゆ…4g
　塩…4g（肉の0.8％）
エリンギ…3パック（300g）
サラダ油…適量
強力粉…適量
［甘酢］
　黒酢…100g
　しょうゆ…50g
　上白糖…50g
黒こしょう…適量

1. ボウルにひき肉、Aを入れ、よく練って粘りを出す（p.23-2参照）。
   point ひき肉は冷たくしておくと、つなぎやすくなる。
2. エリンギは乱切りにする。フライパンにサラダ油を熱し、さっと炒めて取り出す。
3. 手にサラダ油をつけ、1を直径4cmほどに丸く整え、全面に強力粉を薄くつける。2のフライパンにサラダ油を足す。量の目安はミートボールの高さの半分ほど。中火でミートボールを揚げ焼きにする。
   point 転がしながら揚げると、少ない油で均一に火を通すことができる。丸を意識するように転がすことで、形よく仕上がる。
4. フライパンに甘酢の材料を入れ、強火で少し煮詰める。3を加え、煮からめる。濃度がついてきたら2を加え、混ぜ合わせる。
5. 皿に盛り、黒こしょうをふる。

Le Mange-Tout メソッド

下味つけ

ミートボールにもしっかりと味をつけておくことで、甘酢との一体感が高まり美味しくなる。調味料は最初から一気に加えてOK。野菜はすりおろすことで、風味がより肉に入りやすくなる。

ドルマ

とても簡単で、しみじみと美味しい煮込み料理です。材料を重ねて火にかけたら、かまどの神様にお任せするだけ。必ず美味しく仕上げてくれます。あらかじめ煮込んでおいて、食べる前に温め直してもいいので、時間のあるときに作っておきます。

材料（4〜6人分）
- キャベツ … 1玉（1kg）
- 豚ひき肉 … 1kg
- 玉ねぎ … 1個（200g）
- にんじん … 1本（100g）
- バター … 30g
- 塩 … 7g
- A
  - 鶏ガラスープの素 … 5g
  - 水 … 800ml

1. 玉ねぎ、にんじんはみじん切りにする。
2. フライパンにバターを溶かし、1を加え、中火で玉ねぎが透き通るまで炒め、冷ます。
3. ボウルにひき肉、1、塩を入れ、よく練る。
4. キャベツは芯をくり抜く。大きめの鍋に湯を沸かし、キャベツを入れ、はがれた葉から取り出し、ざるに上げる。
5. 鍋にキャベツを敷き、3とキャベツを交互に重ねる。一番下のキャベツで包み、形を整える。
   point 一番下に敷くキャベツで全体を包むので、大きな葉を選び、鍋から大きくはみ出すように敷く。小さな葉はひき肉に挟み込む。
6. Aを加えて蓋をし、弱火で3時間煮込む。

Le Mange-Tout メソッド

キャベツとひき肉の重ね方

煮込んでいる間に煮崩れしないように、また煮汁が全体に行き渡るように、鍋は材料がちょうどよく入る大きさを選ぶ。目安として、写真は上記の分量で直径24cmの鍋を使用。一番最初に敷くキャベツは全体を包み、仕上がりの顔にもなるので、大きく、色の濃いものを選ぶ。

角煮

味つけに使う砂糖は甜菜糖がおすすめ。
ざらめなどでも構いませんが、身体を冷やす作用があるキビ系の砂糖と違い、
いも系の甜菜糖は身体を温めます。
スタッフの体を温めて健康を維持するのが、大橋さんの愛情です。

材料（4人分）
豚バラ塊肉…500g
A｜甜菜糖…50g
　｜酒…100ml
　｜しょうゆ…100ml
　｜水…1ℓ
ほうれん草（塩ゆでする）…適量
卵…4個

1. 豚肉はゆでこぼし、4等分に切る。
2. 鍋に1、Aを入れて蓋をし、弱火で2時間ほど煮込む。
   point 水分が減ったら水を足し、豚肉が煮汁に浸る量を保つ。
3. 豚肉が柔らかくなったら取り出し、煮汁に浮いた脂を取り除き、煮詰めてソースにする。
4. 鍋に卵とかぶるくらいの水を入れて強火にかけ、沸騰してから3～4分、表面がたゆたう火加減でゆでる。殻をむき、ボウルか耐熱袋に入れる。熱々の煮汁を注ぎ、半日おく。
5. 皿に角煮を盛ってソースをかけ、4、ほうれん草を添える。

Le Mange-Tout メソッド

豚肉は水からゆでこぼす

豚肉をゆでこぼすのは、臭みやアクを取り除くのが目的。沸騰してから豚肉を入れると、まわりがコーティングされ臭みが出てこなくなるので、必ず水から。中まで火を入れる必要はないので、アクが出てきたら取り出す。

材料（4人分）

豚バラ塊肉…800g
A ┤ 塩…6.4g（肉の0.8%）
  └ 黒こしょう…0.5g
白菜…1/2株
練り辛子…10g
オリーブ油…適量

1. 豚肉は塩漬けにする（p.33参照）。Aを混ぜ合わせて豚肉にもみ込み、ラップをして冷蔵庫に3～4日おく。
2. 豚肉を蒸す。ボウルに網を置いて豚肉をのせ、ラップをかける。蒸気が上がった蒸し器に入れ、蓋をして中～強火で3時間蒸す。
   point 蒸し器を空焚きしないよう、30分に一度は水を足す。
3. 豚肉と蒸し汁に分け、冷ます。蒸し汁に浮いた脂は取り除く。
4. 白菜を芯つきで4等分に切る。フライパンにオリーブ油を熱し、白菜を焼く。
   point 美味しそうな焼き色をつけるのが目的。中まで火を通す必要はない。
5. 鍋に4、蒸し汁を入れ、白菜が浸らなければ水を足し、落とし蓋をし、弱～中火で白菜が柔らかくなるまで15分ほど煮る。
6. 豚肉は繊維を断つように4等分に切り、サラマンダー（またはフライパン、オーブン）で焼き色をつける。
7. 白菜を取り出し、煮汁が1/2～1/3量になるまで煮詰め、練り辛子を加える。
   point 練り辛子は火を止めてから加え、風味が飛ばないようにする。
8. 皿に白菜、豚肉を盛り、7をかける。

蒸し豚のロースト

豚の蒸し汁は白菜の煮汁となり、最終的には煮詰めて練り辛子を加え、辛味の効いたソースに仕立てます。豚肉は蒸すことで柔らかくふわっとした食感に。最後に焼いて香ばしさを加えます。

Le Mange-Tout メソッド

豚肉の蒸し方
蒸し豚は柔らかな食感を目指す。汁気の中に漬かった状態では肉が硬くなってしまうので、網にのせて汁気から離した状態で蒸す。

蒸し汁で白菜を煮る
豚の旨味が詰まった蒸し汁で白菜を煮るが、蒸し汁は脂が多い。冷やすと上に固まるので、取り除く。蒸し汁をバットなどに入れて底を氷水に当てるとスピードアップになる。

しょうが焼き

亮平さんのしょうが焼きは、
漬けだれに玉ねぎを使って甘味とコクを加えます。
こだわりは豚肉に漬けだれを合わせるタイミングと、
こっくりとした焼き色に仕上げること。
深めの焼き色が旨味なのだと納得させられるレシピです。

材料（4人分）

- 豚肩ロース肉（3〜4mm厚さ）… 800g
- 塩 … 少量
- A
  - しょうが（すりおろす）… 50g
  - 玉ねぎ（すりおろす）… 1/4個（70g）
  - しょうゆ … 大さじ3
  - みりん … 大さじ3
  - 酒 … 大さじ3
- サラダ油 … 15g
- キャベツ（せん切り）… 適量

1. 豚肉は軽く塩をする。
   point 塩をすることで、このあとに加えるたれの味が入る。
2. ボウルに入れ、Aを加え、もみ込む。
3. フライパンにサラダ油を中〜強火で熱し、2を広げて入れる。焦げないようにフライパンを揺すりながら、両面を焼く。
   point 豚肉は漬け汁をぬぐい取らずにフライパンへ。
4. 皿にキャベツのせん切り、3を盛る。

Le Mange-Toutメソッド

味つけは焼く5分前！
肉は漬けだれに長く漬け込むと、柔らかくはなるが、肉の水分が抜けてジューシーさに欠ける。辿り着いた塩梅が、焼く5分前の味つけ。

こっくり焼き色と旨味
焼き進めると漬けだれが底でカラメル化してくる。これを豚肉でからめ取り、美味しそうな焼き色と旨味をまとわせる。

ポテ

豚肉は塊で煮込み、盛りつける前に切り分けるスタイル。
塊で煮込むことで肉汁の逃げ道を少なくして、肉の旨味を閉じ込めます。
もしも時間短縮を優先するなら切っても構いません。3割ほど早く柔らかくなるはずです。

材料（4人分）
豚バラ塊肉 … 1kg
A：塩 … 30g
　グラニュー糖 … 15g
　黒こしょう（潰す）… 3g
玉ねぎ … 2個（400g）
キャベツ … 1/2玉（400g）
じゃがいも … 2個（300g）
B：ディジョンマスタード … 適量
　塩 … 適量
　黒こしょう … 適量

1　Aを混ぜ合わせ、豚肉にもみ込む。空気が入らないようにラップをし、冷蔵庫に3〜4日おいて塩漬けにする。

2　鍋にたっぷりの水、1を入れ、強火にかける。沸騰してくるとアクが出てくるが少し待ち、固まったらガバッとすくう。アクを取ったら弱火にし、2時間ほど煮る。
point　煮込みの火加減は弱火が鉄則。ボコボコと沸騰し、鍋の中で素材が踊るのは濁り、煮崩れの原因になる。

3　玉ねぎは半分に切る。キャベツは芯をつけたまま4等分に切る。

4　鍋に3を加え、柔らかくなるまで30分ほど煮る。くたくたの食感が好みの場合は、さらに煮る。

5　じゃがいもは皮つきでゆで（p.48参照）、皮をむく。
point　じゃがいもは一緒に煮るとスープが濁るので、盛りつけで合わせる。

6　豚肉を取り出して4等分に切る。キャベツ、玉ねぎ、じゃがいもとともに皿に盛り、煮汁を注ぎ、Bを添える。

Le Mange-Tout メソッド

豚肉の塩漬け

肉に塩を入れることで旨味が増す。それが豚肉を塊で塩漬けにする利点。また保存性が高まるので、ほかの料理への汎用性も広がる。コツは肉に塩をふったら、しっかりともみ込んで馴染ませること。徐々に水分が出て光ってくるので、それが馴染んだ合図になる。冷蔵庫で寝かせるが、もみ込むことで馴染み具合に差がつく。用途によってグラニュー糖を加え、旨味を補強する。

サムギョプサル

ル・マンジュ・トゥーのサムギョプサルは、たくさんの野菜を摂れるように、手早く食べられるようにと、
亮平さんが工夫を凝らしたサラダスタイルです。味の決め手は豚肉の香ばしさ。
火を通してからさらに網で焼くことで格段に風味が増して、
コクのあるソースとよく合い、野菜ももりもり進みます。
コチュジャンソースは仕上げにも添えて、
ほかの薬味などとともに、おのおのが自由に巻いていただきます。

材料（4人分）
豚バラ塊肉…600g
サンチュ、サニーレタス…各適量
［コチュジャンソース］※作りやすい分量
　コチュジャン…60g
　みそ…45g
　上白糖…15g
　ごま油…15g
　にんにく（すりおろす）…10g
　酒…30g
［ねぎだれ］
　長ねぎ（みじん切り）…200g
　塩…3g
　ごま油…10g
［塩ごま油］
　塩…10g
　ごま油…20g

薬味とたれ
えごまの葉…適量
ねぎだれ…上記全量
塩ごま油…上記全量
白髪ねぎ…適量
コチュジャンソース…適量
キムチ…適量

【もやしのナムル】
緑豆もやし…2袋
塩…3g
旨味調味料…少量
ごま油…6g

1 コチュジャンソースは、材料を混ぜ合わせる。ねぎだれは、長ねぎに塩を加え、馴染んで水が出てくるまでもみ込み、ごま油を加えて混ぜる。塩ごま油は、材料を混ぜ合わせる。

2 豚肉は3〜4mm厚さに切る。フライパンで両面を焼き、中まで火を通す。

3 焼き網を熱し、強火で2をさっと焼く。
point 直火で焼くことで余分な脂が落ち、直火の芳ばしい風味がつく。

4 ボウルにコチュジャンソース30gを入れ、3が熱いうちに加えてよくからめる。

5 皿にサンチュ、サニーレタスを置き、4を盛る。薬味とたれ、もやしのナムルを添え、好みの組み合わせでいただく。

【もやしのナムル】
もやしは硬めにゆでて水をきり、熱いうちに塩を加えて混ぜる。旨味調味料、ごま油を加え、さらに混ぜる。

これはリヨンの料理。谷シェフはヴィネガーに赤を使うのがお好みですが、野水さんにとってはシェリー酒ヴィネガーが完全無欠なのだそう。師を仰ぎつつも個性を発揮します。ヴィネガーの酸味は煮込むと飛んでしまうので、仕上げにも加えて風味を重ねます。

～鶏肉、赤の煮込み～
プーレ・オ・ヴィネーグル

煮込みには俄然骨つき。ル・マンジュ・トゥーの鶏料理は、まかないといえども決してぶれません。長く煮込めば柔らかくなる鶏肉も、その欠点はぱさついてしまうこと。そこをしっとり仕上げるのがプロの技。家庭料理でも真似ができるテクニックです。

～鶏肉、白の煮込み～
フリカッセ

プーレ・オ・ヴィネーグル

材料（2人分）
鶏もも骨つき肉 … 2本（1本160g）
塩 … 2.5g（肉の0.8%）
オリーブ油 … 小さじ1
にんにく（皮つき）… 大2片
トマトホール缶（裏漉す）… 1缶（400g）
シェリー酒ヴィネガー … 40g
黒こしょう … 適量

【フスィリパセリバター】
フスィリ（ショートパスタ）… 100g
A：
　イタリアンパセリ（みじん切り）… 3g
　バター … 15g
　塩 … 1g
＊パスタは表示通りにゆで、Aをからめる。

シェリー酒ヴィネガー
通常は赤ワインヴィネガーを使うが、果実の香りが生きたシェリー酒ヴィネガーはコクがあって美味しい。煮込みと仕上げのダブル使いが決め手。

1. 鶏肉は半分に切り（p.21-1参照）、塩をもみ込んで室温で最低でも15分おく。
2. フライパンにオリーブ油、にんにく、1を肉側を下にして入れ、中火で焼く。30秒ほどで裏返し、肉の下に油がある状態を保ちながら、全面に濃い焼き色がつくまで焼く。
3. 余分な脂は拭き、ヴィネガー30gを加える。酸味が飛んだらトマトを加え、水分が減ったら水を足し、20分ほど煮る。
4. 鶏肉を取り出す。煮汁を漉して鍋に入れ、好みの濃度になるまで煮詰め、ヴィネガー10gを加えてソースを作る。
   point 煮込んで飛んだヴィネガーの酸味を、仕上げにも加えてフォローする。
5. 皿にフスィリパセリバターをのせ、鶏肉を盛り、ソースをかけ、こしょうをふる。

Le Mange-Tout メソッド
煮込み前の焼きはしっかり
肉を煮込むときは、しっかり焼くのが鉄則。皮はパキパキに、濃い焼き色がつくまで焼く。焼きが甘いと煮ている間に色が抜け、皮がはがれる。

フリカッセ

材料（4人分）
鶏もも骨つき肉 … 4本（1本175g）
塩 … 5.6g（肉の0.8%）
玉ねぎ … 1個（250g）
バター … 30g
オリーブ油 … 小さじ1
強力粉 … 15g
A：
　フレンチ・ヴェルモット … 50g
　白ワイン … 150g
　水 … 500g
エストラゴン（葉のみ）… 4g
生クリーム … 80g

【えのきソテー】
えのきたけ（根元を切ってほぐす）… 4袋
バター … 80g
塩 … 4g
黒こしょう … 適量
＊フライパンにバターを中火で溶かし、えのきたけ、塩を入れ、水分を飛ばすようにしっかり色づくまで炒め、こしょうを加える。

1. 鶏肉は半分に切り（p.21-1参照）、塩をもみ込んで室温で最低でも15分おく。
2. 玉ねぎは薄切りにする。エストラゴンはみじん切りにする。
3. 鍋に玉ねぎ、バター、水を入れ、玉ねぎの甘味が出るまで炒める（p.47参照）。
4. フライパンにオリーブ油、鶏肉を入れ、中火で焼く（上記参照）。
5. 鶏肉を3の鍋に入れ、強力粉をふり入れ、弱めの中火でサンジェする。
6. Aを加え、鍋底や側面についた旨味をこそげ落としながら、30分ほど煮る。水分が減ったら鶏肉の頭が出ないように水を足す。
   point とろみのついた煮汁の中で煮ることで、しっとり仕上がる。
7. 鶏肉に串を刺してすっと通ったら、生クリームを加えてひと煮立ちさせ、エストラゴンを加える。
8. 皿にえのきソテーをのせ、7を盛る。

フレンチ・ヴェルモット
芳醇な風味を高めるために必須の調味料。ヴェルモットはフランス南部・マルセイユ発祥の白ワインにハーブやスパイスを漬け込んで作られるフレーバーワイン。

Le Mange-Tout メソッド
サンジェ 
サンジェの目的は粉で肉をコーティングしてしっとり仕上げ、煮汁にとろみをつけること。焦げないように注意しながら、鍋底の固まりをこそげ落としつつ肉にまとわせる。粉に火が入っていないと粉臭くなるので注意。鍋底にこびりつくようになれば火が入った合図。

タンドリーチキン

漬けて焼くだけの簡潔なレシピですが、味は本格的。
ヨーグルトは鶏肉を柔らかくする効果があり必須ですが、
スパイスはカレー粉などで代用しても構いません。
甘い香りを楽しみたいならシナモンなどを加えてもいいでしょう。

材料（4人分）

鶏もも骨つき肉…4本（1本175g）
塩…3.5g（肉の0.5％）

A
- プレーンヨーグルト…250g
- ターメリックパウダー…4g
- クミンパウダー…2g
- コリアンダーパウダー…2g
- カイエンヌペッパー…1g
- ガラムマサラ…1g
- しょうが（すりおろす）…25g
- にんにく（すりおろす）…1片（5g）

【オクラのスパイスソテー】

オクラ（板ずりする）…18本

B
- クミンシード、コリアンダーシード（粗く潰す）…各1g
- オリーブ油…5g

レモン…1/4個

＊フライパンにBを入れて弱めの中火にし、香りが出たらオクラを加えて炒め、仕上げにレモンを絞り、皮ごと入れる。

1 鶏肉は半分に切り（p.21-1参照）、骨のきわに切り込みを入れ、フォークなどで刺す。

2 1に塩をもみ込み、Aに漬け、最低でも6時間、長くて2日冷蔵庫におく。

3 漬けだれを拭い、皮を上にして250℃のオーブンで8～10分焼く。
　point 漬けだれは焦げつきの原因になるので、しっかり拭い取る。

4 皿にオクラのスパイスソテーを敷き、3を盛る。

Le Mange-Tout メソッド

骨のきわに切り込みを入れる

短時間でも味が染み込みやすくなるよう、ももからすねまで続けて骨のきわ両側に、切り込みを入れる。このとき下側の皮はつながったまま、骨から肉を外すように切る。身側からフォークなどを刺す。

がめ煮

この煮ものに、煮込み時間のかけすぎは禁物。
鶏肉をふっくらジューシーに仕上げるためには、
アクを取ったら20分程度で仕上げるのが目標です。
野菜はある程度食感が残っていたほうが
美味しいですが、まんべんなく火を通すために硬いものから
順に加えて煮ていきます。

材料（5～6人分）
鶏もも肉…3枚（600g）
A ┌ ごぼう…細2本（200g）
　├ れんこん…1節（250g）
　└ しいたけ…6個（100g）
B ┌ にんじん…1本（180g）
　├ 里いも…小4個（150g）
　└ こんにゃく…1袋（200g）
C ┌ たけのこ（水煮）…140g
　└ 大根…400g
サラダ油…15g
D ┌ 和風だしの素…3g
　├ 酒…100g
　└ みりん…50g
しょうゆ…90g
みりん（仕上げ用）…30g
絹さや（塩ゆでする）…50g

1 具材はすべて一口大に切る。たけのこ、こんにゃくはそれぞれ下ゆでし、水気をきる。里いもは水にさらして水気をきる。

2 鍋にサラダ油を中火で熱し、鶏肉を炒める。脂が出て薄く色づいたらAを加え、脂を馴染ませるように炒める。Bを加えて炒め、Cを加えて炒める。

3 野菜に脂がまわったら、具材がかぶる程度の水、Dを加え、強火にする。沸騰してアクが出たら取り、強めの中火で煮る。
point 煮すぎは鶏肉がパサパサになるので絶対にNG。アクを取ってから仕上げまでの目安は20分。

4 5分ほど煮たらしょうゆを加え、上下を返しながら汁気がなくなるまで煮る。仕上げにみりんを加え、照りを出す。

5 器に盛り、絹さやを散らす。

Le Mange-Tout メソッド

鶏肉を焼くのは煮崩れ防止

煮崩れ防止のための「焼き」は中まで火が入っていなくてOK。ほかの煮込みと違い（p.38参照）、しっかりとした焼き色をつける必要はなく、鍋1つでできる手軽さと時短を追求する。

チキン南蛮

衣づけがチキン南蛮のポイント。この方法で揚げた鶏肉は、甘酢に漬けたあとでもまわりのバリッと感がキープされます。ゆで卵1人1個分のタルタルソースは、フレンチのエッセンス漂う洗練された味わい。たっぷりかけていただきます。

Le Mange-Tout メソッド

バリッとふわっと揚げる

鶏肉は溶き卵をつけることでふわっと揚がる。最初の強力粉は言わば溶き卵の接着剤。最後につける片栗粉は表面をバリッと仕上げるため、また鶏肉の水分が逃げにくくなる効果もある。3つの衣づけの工程がチキン南蛮の流儀。

材料（2人分）

鶏もも肉 … 2枚（600g）
塩 … 4g
［漬けだれ］
　にんにく（すりおろす）… 1/2片
　しょうが（すろおろす）… 5g
　しょうゆ … 8g
　酒 … 10g
強力粉 … 適量
溶き卵 … 卵黄1個
片栗粉 … 適量
揚げ油 … 適量
［甘酢］
　しょうゆ … 75g
　酒 … 30g
　上白糖 … 15g
　みりん … 90g
　酢 … 90g
［タルタルソース］
　マヨネーズ（p.81参照）… 80g
　ゆで卵（漉す）… 2個
　ケッパー（塩抜きしてみじん切り）… 5g
　玉ねぎ（みじん切りを水にさらして水気をきる）… 100g
　コルニッション（みじん切り）… 10g
　イタリアンパセリ（みじん切り）… 3g
＊材料をすべて混ぜ合わせる。

【玉ねぎサラダ】
玉ねぎ … 1個（200g）
A ┃ 塩 … 1g
　 ┃ オリーブ油 … 1g
＊玉ねぎは繊維に沿って薄切りにし、水にさらして水気をきり、Aであえる。

1. 鶏肉は塩をもみ込み、漬けだれに漬け、30分おく。
2. 鍋に甘酢の材料をすべて入れて火にかけ、ひと煮立ちさせる。
3. 鶏肉の漬けだれを拭き取り、強力粉、溶き卵、片栗粉の順につける。
4. 160℃の揚げ油で3を揚げる。皮を下にして入れ、途中で裏返して5分ほど、火が通るまで揚げる。熱いうちに2に5分ほど漬ける。
   point 揚げ油は鶏肉の高さの半分ほどあれば、たっぷりでなくてもよい。
5. 皿に玉ねぎサラダをのせ、4を盛り、タルタルソースをかける。

棒棒鶏

肉はもも肉でも、豚の薄切り肉でも美味しくできます。
水菜はお好みで省いても構いませんが、その場合はレモンの絞り汁を
棒棒鶏だれに加えてください。酸味がいい仕事をします。
鶏肉はゴロッとボリュームをもたせてちぎると、たれもよくからみ、おかず感も出ます。

材料（2〜3人分）

鶏胸肉…2枚（250g）
A
- 水…1.5ℓ
- 酒…100ml
- 長ねぎ（青い部分）…1本分
- しょうが（皮つきで薄切り）…15g

きゅうり…2本（200g）

［棒棒鶏だれ］
- ごまだれ（p.81参照）…60g
- 辣油（p.81参照）…10g
- 長ねぎ（白い部分。みじん切り）…5g
- しょうが（みじん切り）…5g

水菜…1袋（100g）
B
- レモンの絞り汁…1/4〜1/2個分
- 塩…2g

1. 鶏肉は皮、真ん中に通っている筋を取り、大きさを揃えて2〜4等分に切る。
2. 鍋にAを入れて強火にかけ、沸騰したら1を入れ、再び沸騰したら火を止める。冷めたら取り出し、ラップをして冷蔵庫で冷やす。一口大にちぎりごろっとさせる。
   point 細かく裂かず、繊維を裁つように「ちぎり」、たれがからむようにする。
3. きゅうりは皮を縞目にむき、むいたところに2〜3mm深さの切り込みを入れ、3〜4cm長さの乱切りにし、叩いて割る。
4. ボウルに棒棒鶏だれ、2、3を入れ、よく混ぜる。
5. 水菜は5cm長さに切り、Bであえる。
6. 器に5を盛り、4をのせる。

Le Mange-Tout メソッド

鶏肉はゆで汁の中で冷ます

鶏肉は冷めるまでゆで汁の中に入れておくことで、しっとりと仕上がる。しっとり食感を楽しむために、あえて大きめにちぎる。

調味料組み合わせテクニック

調味料は作りおきだからこそ、時短になる。組み合わせは自在。足し算のテクニックで味のバリエーションが広がる。

材料（2人分）
鶏もも肉…2枚（500g）
塩…4g
サラダ油…大さじ1
［たれ］
　酒…30g
　しょうゆ…20g
　みりん…30g
　水…100ml

【焼き野菜】
ピーマン…5個（120g）
なす…3個（240g）
オリーブ油…適量
塩…適量
＊ピーマン、なすは乱切りにし、それぞれオリーブ油でゆっくり、塩をしながら焼き色をつける。

1　鶏肉は身側に塩をもみ込み、30分おく。

2　フライパンにサラダ油、鶏肉を入れ、中火で美味しそうな焼き色がつくまで焼く（p.13-1参照）。

3　たれを加え、スプーンですくってかけながら、たれをからめる。

4　皿に焼き野菜を敷き、3を盛る。3は好みで食べやすい大きさに切る。

Le Mange-Tout メソッド

焼き色をつけて、たれ投入

たれを加えるのは最後。鶏肉は完全に火を通し、皮側に美味しそうな焼き色をつける。身側に焼き色がついている必要はない。たれを加えるのは鶏肉の皮を下にしたまま。皮に味を入れ、照りを出すため。煮込むような感覚で、たれをかけながら、ツヤよく仕上げる。

照り焼きチキン

人気のメニューであるとともに、「焼き」の練習をするのにもうってつけ。鶏肉はきれいな焼き色をつけることが大前提ですが、焼いた鶏は皮を上にしておけば、時間が経ってもパリッとしたまま。時間があるときに鶏を焼いておいて、たれを煮からめる最後の仕上げだけを食べる直前にすることもできます。

メンチカツ

コロッケも人気のメニューでまかないに度々登場しますが、
男子曰く「やっぱり肉が好き」。
ひき肉はキンキンに冷やして練ると、つなぎやすくなります。
それは、つなぎのための無駄な材料を減らせるので、
肉の旨味を堪能できるということ。
シンプルなしょうが風味で、手作りの美味しさを存分に味わえます。
衣をつけるところまでは準備しておける段取りメソッドも魅力。
パン粉の座布団にのせて冷蔵庫にスタンバイしておきます。

材料（4人分）

牛ひき肉 … 600g

A
- 玉ねぎ … 300g
- バター … 10g
- 塩 … 2g
- 牛乳 … 30g

B
- パン粉 … 20g
- 溶き卵 … 1個分
- しょうが … 60g

塩 … 6g
黒こしょう … 2g
強力粉 … 適量
卵液 … 卵黄1個：水大さじ1
パン粉 … 適量
揚げ油 … 適量
キャベツ（せん切り）… 好みで適量
練り辛子 … 適量
リーペリンソースまたはとんかつソース
　… 適量

1 玉ねぎはみじん切りにする。フライパンにA、水を入れ、中火で甘味が出るまで炒める（p.47参照）。

2 しょうがは半量をすりおろし、半量をみじん切りにする。Bを混ぜ合わせる。

point あらかじめ混ぜておくと、肉と合わせたときに均一に馴染む。しょうがの切り方を2種類に分ける目的は、馴染みやすさと食感を求めるため。

3 ボウルにひき肉、**1**、**2**、塩、こしょうを入れてよく練る。粘りが出て糸を引き、ボウルの底につくようになればタネの完成。

point 肉はキンキンに冷やしておくことで、つなぎやすくなる。肉が温かくならないよう手早く練る。

4 **3**を4等分し、空気を抜く。直径9cmのセルクルの内側にサラダ油を塗り、タネを入れる。平らに整え、中心は気持ち薄くする。側面はスプーンの背で押して角を作る。冷蔵庫で1時間冷やす。

point セルクルを使うことでしっかりまとめることができ、仕上がりの形も美しい。表面を平らにするのは衣をつけやすく、はがれにくくするため。冷やすことでさらにタネが締まり、崩れを防ぐ。

5 強力粉を薄くまんべんなくつけ、卵液にくぐらせる。パン粉はたっぷり用意して埋めるように置き、パン粉を立たせるようにふんわりとつける。

point 強力粉は卵液の接着の土台になるので、隙間がないよう全体につけ、余分は落とす。

6 たっぷりの揚げ油を170℃に熱し、**5**を入れる。入れたら少し火を強め、再び温度が上がったら戻す。最初は大きな泡が出るが、泡が出きると沈んでくるので、裏返す。

point 油は常にきれいな状態を保つ。こまめに揚げカスをすくい、焦げ臭さを防ぐ。

7 ときどき返しながら、美味しそうな揚げ色がつくまで5〜6分揚げ、油をきる。皿に盛り、キャベツ、練り辛子、ソースを添える。

point 中が100℃になると（中の水分が沸騰している状態）、持ち上げたときに細かな振動を感じる。その「震え」が揚げ上がりの目安。

＊衣つけまで用意万端にしておくことも可。その場合は、メンチカツの下にたっぷりのパン粉を敷く。下側のパン粉を潰さず、染みを防ぐため。冷蔵庫におく。

牛すね肉の煮込み

この煮込みは、フランス・ブルゴーニュ地方の最もよく知られる郷土料理、ブッフ・ブルギニヨンの応用編。
まかない仕様にお手頃なすね肉を使って、たっぷりの根菜も加えました。
ミロワールなどを省くぶん、マリネのヴィネガーや煮込みのトマトなどで風味に奥行きをもたせます。
赤ワインのおすすめはカベルネ・ソーヴィニヨン。
味にインパクトがあるのが、ル・マンジュ・トゥー愛用の理由です。

材料（4人分）

牛すね肉 … 500g
［マリネ液］
　赤ワイン … 500ml
　赤ワインヴィネガー … 50ml
玉ねぎ … 2個（500g）
バター … 30g
塩 … 5g（肉の1%）
トマトホール缶 … 1缶（400g）
里いも … 4個
れんこん … 1節

1 牛肉はマリネ液に漬け、冷蔵庫に3日おく。

2 牛肉とマリネ液に分ける。鍋にマリネ液を入れて火にかけ、沸騰してアクが出てきたら漉す。

3 玉ねぎは薄切りにする。別鍋に玉ねぎ、バター、水を入れ、強火にかける。水分がなくなってきたら中火にし、鍋底をこそげるように混ぜながら炒める。水分が減ったら足し、混ぜながら炒めるを繰り返し、あめ色玉ねぎを作る。

4 牛肉、**2**、塩、トマトを潰し入れる。蓋をして、弱火で3時間煮込む。
point 水分が少なくなったら足しながら煮る。水分は肉が隠れる量を保つことで均一に火が入る。

5 里いもは皮をむいてゆで、大きいものは半分に切る。れんこんは乱切りにしてゆでる。

6 **4**に**5**を加え、照りが出るまで煮込む。煮汁の味をみて、足りなければ塩を加える。
point 肉が隠れる水量が必要なのは煮込むとき。仕上げは好みの濃度にする。

グラタン

グラタンに仕立てるのも美味。パン粉をのせ、美味しそうな焼き色がつくまで焼く。肉には火が通っているので、焼き色がつけば完成。高温のオーブン、トースターなどで。

Le Mange-Tout メソッド

アクを除いたマリネ液で煮る

マリネ液を火にかけると、たんぱく質が固まる。これがアク、つまり雑味。マリネ液で牛肉を煮ていくので、雑味を取り除くことが美味しさのポイントになる。漉す際はペーパーを重ね、細かなアクも徹底的に取り除く。

玉ねぎを炒める

玉ねぎを炒める目的は甘味を出すこと。辛味が消えて甘味が出るまで火を通す。水を加えるのは焦げを防ぎ、ムラなくしっかりと火を通すため。水分が少ないと火の通りにばらつきが出るので、最初はひたひた程度、少なくなったらその都度大さじ2～3ずつ足す。玉ねぎはどの切り方でも炒め方は同じ。

あめ色玉ねぎ

甘味が出るまで炒めた玉ねぎをさらに20～30分炒め続けると、うっすらと色づいてくる。そこからは鍋から離れず、鍋底をこそげるように絶えず混ぜる。鍋肌に焼き色がついたら玉ねぎでこそげ落としながら炒める。

材料（4人分）
牛ひき肉…500g
塩…4g
パプリカ…1個（150g）
玉ねぎ…1個（150g）
ピーマン…5〜6個（150g）
白ワインまたは水…200ml
ピマン・デスペレット（p.52参照）
　…小さじ1
じゃがいも…適量

1　パプリカ、玉ねぎ、ピーマンは1cm角に切る。

2　フライパンにひき肉、塩を入れ、中火で炒める。ひき肉に火が入ってほぐれたら、1を加え、脂が馴染むまで炒める。

3　白ワインを加え、1時間煮る。その間にじゃがいもをゆでる。
　point 煮る時間は好みで加減する。野菜のシャキシャキ感を残すなら短時間でもOK。くたくたになるまで煮れば野菜の甘味をいっそう楽しめる。

4　ピマン・デスペレットを少しずつ加えながら煮る。最後に味をみて塩を加える。
　point ピマン・デスペレットは辛味のスパイスなので、少しずつ加えて辛味を調節する。

5　皿に盛り、皮をむいてざっくりと潰したじゃがいもを添える。

Le Mange-Tout メソッド

じゃがいものゆで方

店では数個のじゃがいもをゆでるのに小1時間はかける。ゆでるときは皮つきで、たっぷりの水から、時間をかけるのが鉄則。時間をかけてゆでるとでんぷんがアルファ化しやすくなる、つまり粘着性を出すのがゆっくりゆでる目的。弱火で決して沸騰させず、表面がたゆたう火加減を保つ。

アショア

「細かく刻んだもの」を意味するアショアは、
フランス領バスクの伝統的な家庭料理。
必ず用いるのが、ピーマン、玉ねぎとフランスの唐辛子であるピマン・デスペレットです。
これは一味唐辛子でも代用可能。
日本人にも馴染みのある味で、パンにもご飯にもよく合います。

秋刀魚のフライ 梅ソース

インスピレーションの源は、秋刀魚の梅煮。
普段のまかないでは、焼き魚の姿が多い秋刀魚ですが、
梅、そしてごま。相性のいい素材を組み合わせたいと、
この本のために誕生したメニューです。

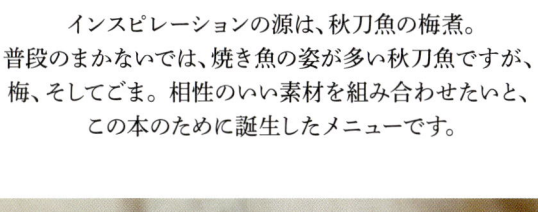

材料（2人分）
秋刀魚 … 2本（1本100g）
A｜酒 … 15g
　｜しょうゆ … 10g
　｜みりん … 10g
強力粉 … 大さじ2
卵液 … 卵黄1個：水大さじ1
ドライパン粉 … 40g
白いりごま … 40g
揚げ油 … 適量
［梅ソース］
　梅干し（みじん切り）… 小8個（60g）
　大葉（みじん切り）… 8枚（10g）
　酢 … 10g

1. 秋刀魚は三枚におろし、Aに漬け、30分ほどおく。
   point バットに秋刀魚を皮を下にして並べ、漬けだれを全体にかけてから裏返す。調味料がまんべんなく行き渡り、少量で済む。

2. 梅ソースは材料を混ぜ合わせる。

3. パン粉といりごまを混ぜる。
   point ごまを加えて衣は風味よく、梅ソースとの相性も際立たせる。

4. 秋刀魚の水気を軽く拭き、強力粉、卵液、3の順につける。

5. 揚げ油を170℃に熱し、4を入れる。2〜3分、美味しそうな揚げ色がつくまで揚げ、油をきる。皿に盛り、2を添える。
   point 秋刀魚を揚げ油に入れるときは尾のほうを持って手前から向こう側に倒すようにし、形よく揚げる。

Le Mange-Tout メソッド

秋刀魚の下味

下味効果は絶大。安い秋刀魚でも滋味深く、ふっくら仕上げることができる。もちろん臭みをとる役割も果たす。

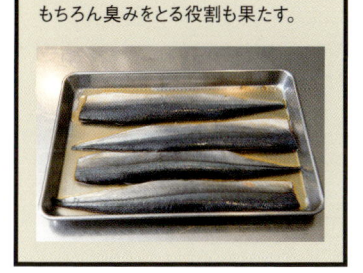

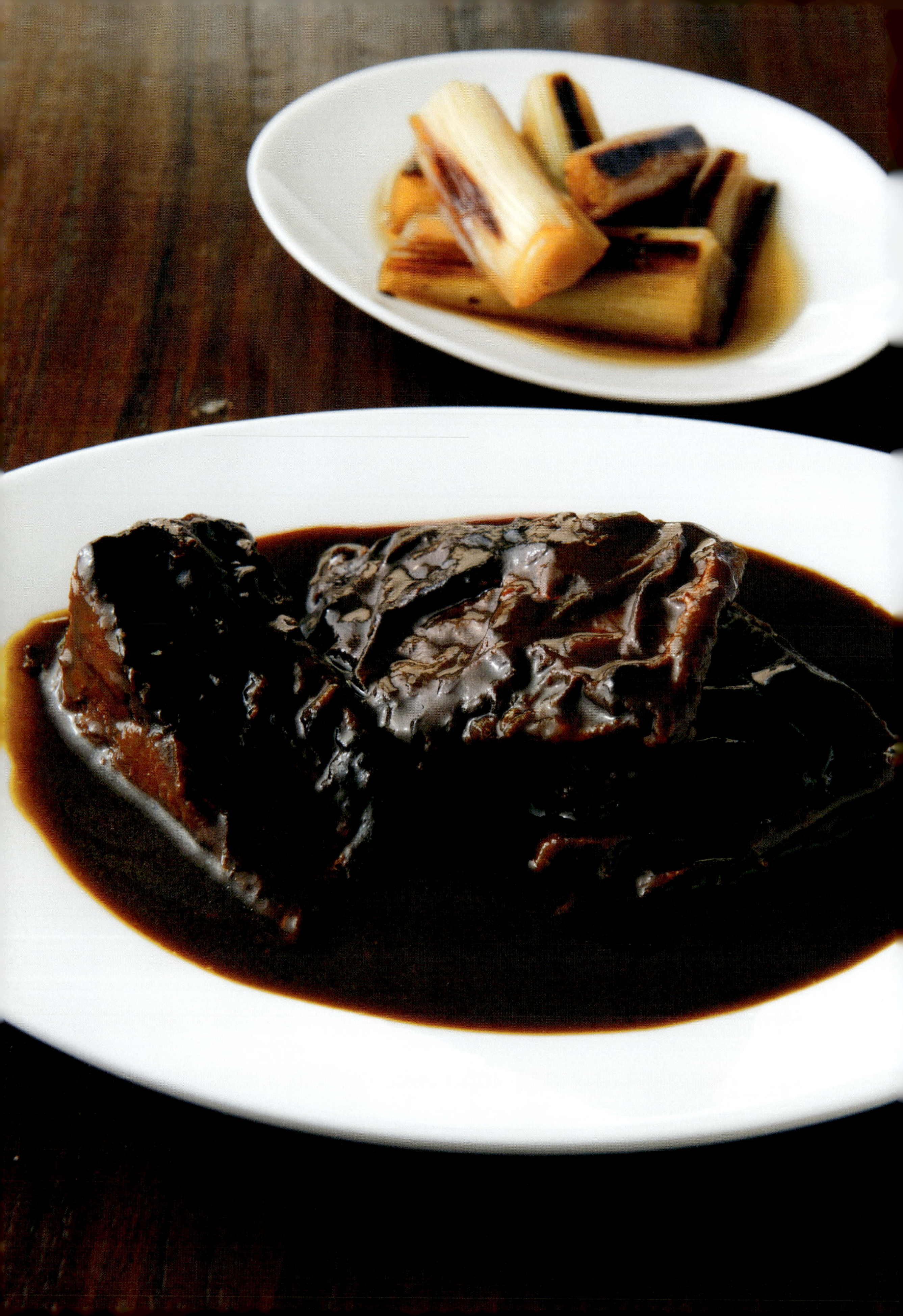

鯖のみそ煮

ある日、和食の親方から鯖のみそ煮の差し入れがありました。みんなでいただくと、美味しすぎてびっくり感動！
作り方を伺うと、そこには自分たちと相通ずるメソッドがあったのです。
洋の東西が違っても煮込み料理の鉄則は同じ、それは「煮込む前にしっかりと焼く」こと。
和食の定番も、以来、フレンチのテクニックを遺憾なく発揮できる一皿、
なおかつル・マンジュ・トゥー定番の一皿になりました。
赤みそは味の決め手になる無二の調味料ですから、上質なものを選んでください。
旨味の詰まった濃厚な煮汁だけで「ご飯3杯はいける！」そうです。

材料（4人分）
- 鯖 … 2尾（1尾600g）
- 強力粉 … 適量
- サラダ油 … 大さじ1/2
- A
  - 赤みそ … 200g
  - 上白糖 … 70g

1 鯖は三枚におろし、中骨を抜き、2～3等分に切る。強力粉を薄くまぶし、余分は落とす。

point 強力粉をまぶすのは、まんべんなく香ばしく焼くため。

2 フライパンにサラダ油を弱めの中火で熱し、鯖を皮を下にして入れる。皮が香ばしい焼き色になるまで焼き、裏返して身も焼き、中までしっかり火を通す。キッチンペーパーにとり、脂をきる。

point 弱めの火でゆっくり中まで焼くことで生臭さが抜けるうえに、香ばしい風味がついて美味しくなる。また、皮と身の結着がよくなり、煮崩れを防ぐことができる。

3 鍋に鯖を並べ入れる。Aを水適量で溶いて加え、鯖が隠れるように水を足し、強火にかける。

4 沸騰してアクが出たら取り、弱火にして1～2時間、鯖が柔らかくなるまで煮る。水分が減ったら水を足し、鯖が隠れる量を保つ。

point 鯖が隠れる水量を保つのは、均一に火を入れるため。裏返すなどして触ることを避け、煮崩れを防ぐ。

おすすめ副菜

焼きねぎの煮びたし

長ねぎは時間をかけて焼くことで甘味が増します。
魚焼きグリルなどでも問題ありません。香ばしく焼くのがおすすめです。

材料（4人分）
- 長ねぎ（白い部分） … 3本
- A
  - 酒 … 50g
  - みりん … 20g
  - しょうゆ … 10g
  - 和風だしの素 … 1g

1 長ねぎは5cm長さに切り、フライパンで焼く。濃い焼き色がついたら裏返し、同様に焼く。

2 1にA、長ねぎが隠れる量の水を加え、柔らかくなるまで煮る。

鰤のバスケーズ

大橋さんのフランス修行は、ほとんどがバスク地方。
当然ながらバスク料理が得意になり、
愛着もわきますから、その腕前をまかないでも披露します。
バスケーズにはピマン・デスペレットが必須。
爽やかな旨味のある辛さが料理の味を引き立てます。
実際のバスケーズはパプリカなどのベース部分で、
鰤を加えるのはアレンジバージョン。
ほかには鶏肉、鮪、いわし、いか、たこ、から揚げや
ミートボールも合います。

※p.53の写真は、アレンジ料理のオムレツ。卵に軽く塩をしてオリーブ油で好みの加減に焼き、ざっと崩した鰤のバスケーズをのせ、皿に盛る。添えたのは直火トースト。翌日の朝食にもうってつけのメニュー。

材料（3人分）

鰤 … 3切れ（1切れ100g）
塩 … 3g
玉ねぎ … 1個（250g）
パプリカ（赤・黄）… 各1個
ピーマン … 5個
にんにく（みじん切り）… 30g
サラダ油 … 10ml
トマトホール缶（裏漉す）… 1缶（400g）
A ┃ 塩 … 3g
　 ┃ ピマン・デスペレット … 3〜5g

1 玉ねぎ、パプリカ、ピーマンは5mm幅の細切りにする。

2 鰤は塩をふる。

3 フライパンに玉ねぎ、にんにく、サラダ油を入れ、中火で炒める。透き通ってきたらパプリカ、ピーマンを加え、少ししんなりするまで炒める。

4 トマトを加え、軽く煮込む。Aを加え、味を調える。

5 フライパンを強火で熱し、鰤を焼く。
point 表面だけカリッと焼くことで、「焼き」の香ばしい旨味がつく。中まで火を通す必要はない。

6 4に鰤を加え、軽く煮込む。
point 鰤は崩れやすいので注意する。すぐに火が通るので、煮込みはソースに馴染む程度に。

【ピマン・デスペレット】

フランスとスペイン、両国にまたがるバスク地方。そこに位置するエスペレットという小さな村の特産品が、ピマン・デスペレット。エスペレット村を中心に10の村で作られたものだけがこれを名乗ることができ、フランスのA.O.C（原産地呼称統制）に認定された由緒正しい唐辛子。辛味はマイルドでほのかな甘味と爽やかな旨味がある。バスク地方の食卓に置かれているのは、塩とピマン・デスペレット。こしょうのかわりに使われるほどポピュラーな香辛料。

Le Mange-Tout メソッド

直火トースト

まかないのパンは、店で余った耳の部分を食べるのがほとんど。耳はトングで挟んで直火でトーストする。これはル・マンジュ・トゥー特別発注のパンだからできること。市販のパンは水分や油分の含有量の違いから、燃えるおそれがあるので真似しないほうが無難。

53

Soup

中華風かき玉スープ

コーンスターチはフランス料理でも
とろみを出すのに使われます。
中華風のスープでも然り。
きれいなかき玉作りに欠かせません。

材料（4人分）
- 卵 … 3個
- わかめ（塩蔵）… 50g
- 長ねぎ … 2本（180g）
- しょうが … 20g
- A
  - 水 … 1ℓ
  - 酒 … 100ml
  - 鶏ガラスープの素 … 10g
- 塩 … 3g
- B
  - コーンスターチ … 15g
  - 水 … 30g
- C
  - ごま油 … 適量
  - 白こしょう … 適量
- 白いりごま … 適量

1. わかめは水につけて塩を抜き、水気をきって小さく切る。長ねぎ、しょうがは細切りにする。
2. ボウルに卵を割り、濃厚卵白を切るように軽く混ぜる。
3. 鍋にAを入れて強火にかけ、沸騰したら1を加える。再び沸騰したら塩を加えて混ぜる。
4. Bを混ぜて加え、とろみをつける。
5. スープは沸騰している火加減を保ち、レードルなどでかき混ぜながら、2を細く流し入れる。卵が浮いてきたら火を止め、Cを加える。
6. 器に盛り、ごまをふる。

Le Mange-Tout メソッド

とろみをつけて卵を流す

汁にとろみをつけておくことで、薄くきめ細かなかき玉ができる。卵は浮き上がってきたらすぐに火を止め、ふんわりと仕上げる。

かぶのクリームスープ

塩味は鶏ガラスープだけ。たくさん食べても塩分を摂りすぎないように、との配慮から。濃度をつければグラタンにもなるメニューです。

材料(4人分)
かぶ…4個(800g)　　バター…20g
A ┃ 水…600ml　　　強力粉…20g
　 ┃ 生クリーム…40g
　 ┃ 鶏ガラスープの素…4〜8g

1 かぶは実と葉に分ける。実は7〜8mm厚さ、葉と茎は1cm幅に切る。

2 鍋にかぶの実、Aを入れて中火にかけ、かぶが柔らかくなるまで煮る。
point かぶを柔らかく煮ることが美味しさの秘訣。自然に煮崩れ、とろみになる。

3 2をざるで漉し、実と煮汁に分ける。

4 鍋にバターを入れて中火にかけ、強力粉を加えて炒め、ルー・ブランを作る(p.11-5参照)。3の煮汁を加えて溶きのばし、かぶの実、葉と茎を加え、再び沸いたら完成。

キャベツのスープ

だしを使わず、ひとつひとつの素材を丁寧に炒めることで香りを引き出します。レシピはあっさり仕立てですが、バターを加えても美味しいです。

材料(4人分)
キャベツ…1/2個(500g)
ベーコン…100g
にんにく…15g
水…1ℓ
塩…6g
黒こしょう…適量

1 キャベツはざく切りにする。ベーコンは1cm幅に切る。にんにくはみじん切りにする。

2 鍋にベーコン、にんにくを入れ、弱火でしっかり香りが出るまで炒める。
point ベーコンを一緒に炒めることで、脂がにんにくの焦げ防止になる。

3 キャベツを加え、じっくり炒めて香りを出す。水を加え、10〜15分煮込み、塩、こしょうを加える。

Soup

ほうれん草とあさりのチャウダー

材料（2〜3人分）

ほうれん草 … 500g
あさり（殻つき）… 500g
白ワイン … 60g

［ブール・ノワゼット］
バター … 20g分
にんにく（薄切り）… 2g
水 … 350g

1. 鍋を強火にかけて熱くし、あさり、白ワインの順に入れて蓋をし、蒸し煮にする。あさりの口が開いたらざるに上げ、あさりと煮汁に分ける。あさりは殻から身を取り出す。
2. ブール・ノワゼットを作り（p.11-2参照）、にんにく、ざく切りにしたほうれん草を加えて炒める。ジュースが出てきたらざるに上げ、水気をきる。
3. 鍋に1の煮汁、2、水を加えて強火にかける。沸騰したら、あさりを飾り用を残し、加える。再び沸騰したらブレンダーにかけて滑らかにし、シノワで漉す。
4. 器に盛り、飾り用のあさりをのせる。

お店で余ったほうれん草のソテーとあさりの蒸し汁を有効活用しようと誕生したのがこのスープ。
味つけはあさりの塩気を生かしています。
濃度は強めです。お好みで水を加えてください。

ガスパチョ

材料（2〜3人分）

トマト … 2個（280g）
きゅうり … 1本（100g）
玉ねぎ … 1/4個（50g）
パプリカ（赤）… 1個（150g）
にんにく … 4g

A
オリーブ油 … 15g
白ワインヴィネガー … 10ml
レモンの絞り汁 … 1/4個分
塩 … 3g

【パセリパン粉】
イタリアンパセリ … 3g
パン粉 … 15g
オリーブ油 … 5g
＊パセリは潰すようにみじん切りにし、色を出す。フライパンで材料すべてを焦がさないように煎る。

1. トマト、きゅうりは皮をむく。野菜はすべて適当な大きさに切る。
   point パプリカは皮を焼きむきにすると実に火が入り甘味とコクが出る。皮があると青臭くなりすぎる。
2. ブレンダーに1を入れ、攪拌する。Aを加え、さらに攪拌する。シノワで漉し、冷蔵庫で冷やす。
3. 器に盛り、パセリパン粉を飾る。

作り立てはもちろん、翌日は味が馴染んでさらに美味しい、スペインの冷製スープ。
レモンが野菜の生臭さをとり、爽やかに仕上げます。

根菜ノルマンド

フランス・ノルマンディ地方の具だくさんスープは、野菜をたっぷり食べられるのが魅力。根菜に限らず、残りものの野菜を活用できます。

材料(4〜5人分)
- 玉ねぎ … 1個(200g)
- ごぼう … 1/2本(120g)
- にんじん … 1本(160g)
- れんこん … 1/2節(150g)
- 里いも … 2個(240g)
- じゃがいも … 2個(250g)
- ベーコン … 40g
- バター … 50g
- A
  - 水 … 1ℓ
  - 鶏ガラスープの素 … 5g
- 塩 … 4g
- 黒こしょう … 適量

1. 野菜は1cm角に切る。ベーコンは1cm幅に切る。
2. 鍋にバター、ベーコンを入れ、弱火で脂を出すように炒める。
3. 玉ねぎ、ごぼうを加え、香りが出て、玉ねぎがしんなりするまで炒める。にんじん、れんこんを加えてさらに炒め、香りが出たらAを加える。沸騰したら里いも、じゃがいもを加え、柔らかくなるまで煮る。塩、こしょうを加え、味を調える。

豚汁

野菜たっぷりの豚汁は、献立の主役にも成り得ます。豚汁ときのこたっぷり炊き込みご飯という組み合わせもおすすめです。材料は小さめに切れば時短にも。

材料(4〜5人分)
- 豚バラ薄切り肉 … 300g
- ごぼう … 1/2本(100g)
- にんじん … 1/2本(100g)
- 大根 … 1/3本(200g)
- 長ねぎ … 1本(80g)
- しょうが(せん切り) … 40g
- こんにゃく … 150g
- A
  - 水 … 1ℓ
  - 酒 … 100ml
  - 和風だしの素 … 2g
- みそ … 70g
- ごま油 … 10g
- 一味唐辛子 … 適量

1. 豚肉は2〜3cm幅に切る。ごぼうは小口切り、にんじんと大根はいちょう切り、長ねぎは斜め薄切り、しょうがはせん切りにする。こんにゃくはちぎり、下ゆでして水気をきる。
2. 鍋にAを入れて強火にかけ、沸騰したら豚を加え、中火にする。アクが出てきたら取り、ごぼうを加える。再び沸騰してアクが出てきたら取り、にんじん、大根、しょうが、こんにゃくを加える。野菜が柔らかくなったら長ねぎを加え、ひと煮立ちしたらみそを加えて溶かす。ごま油を垂らす。
3. 器に盛り、一味唐辛子をふる。

Le Mange-Tout の お楽しみ

バナナケーキ

食事のあとに必ずデザートを食べるのが、ル・マンジュ・トゥーのまかない。
品目はと言うと、頂きものや差し入れの和菓子、洋菓子、あるいはフルーツなどを緑茶とともに。
甘いものがないときは、作るのだそうです。
誰かの誕生日ともなれば、ショートケーキなどの華やかなアイテムも自家製ラインナップに加わります。
バナナケーキをスペシャリテに掲げるのは大橋さん。20歳の頃から作っていると言うのですから、結構なキャリアです。
「今の配合が黄金比」と自負しつつ、甘いものが大好きなスタッフのため、バナナ選びに励みます。
曰く、「皮が真っ黒になった完熟バナナを使うのがおすすめです」。

材料（直径18cmの丸型1台分）

バナナ … 3本（210g）
A｜卵 … 3個
　｜グラニュー糖 … 210g
B｜薄力粉（ふるう）… 165g
　｜ベーキングパウダー … 8g
C｜牛乳 … 50g
　｜バター … 30g
ラム酒 … 好みで適量

1 バナナは粗く潰す。

2 ボウルにAを入れ、泡立て器でよく混ぜる。Bを合わせたものを3回に分けて加え、その都度さっくりと混ぜる。

3 鍋にCを入れて強火にかける。沸騰したら2に加え、混ぜる。1を加え、さっくりと混ぜる。

4 型の内側にバターを塗り、3を入れ、表面を平らにならす。165℃のオーブンで1時間焼く。熱いうちに好みでラム酒をハケで表面に塗る。粗熱がとれたら型から外す。

一皿で大満足！
最強のご飯と麺

元気の源、ご飯と麺。ガッツリ食べたいときも、身体を気遣いたいときも、
ご飯と麺のメニューは万能です。
カレーと丼ものは、三兄弟の競演スタイル。
現実的なレシピとともに、おのおのの個性と力量もお楽しみいただけます。
いよいよ谷シェフのまかないも登場！
すぐに真似したくなるようなレシピが揃いました。

亮平さんの
ビーフカレー

大橋さんの
バターチキンカレー

カレー競演

カレーはまかないでも頻度の高いメニューです。
カレーと言ってもその種類はさまざまですし、同じ素材、風味ではつまらない。
当初はみんなを飽きさせないようにとバリエーションを広げていきましたが、
自然と得意分野が現れるもの。
三兄弟それぞれの、今のベストを披露していただきます。

野水さんの
キーマカレー

亮平さんのビーフカレー

材料（4人分）

- 玉ねぎ … 2個（400g）
- バター … 50g
- A
  - しょうが（みじん切り）… 20g
  - にんにく（みじん切り）… 20g
  - 鶏ガラスープの素 … 10g
  - 赤唐辛子（種を取る）… 2本
- B
  - バター … 30g
  - カレー粉 … 45g
  - 強力粉 … 45g
- 水 … 1ℓ
- 牛切り落とし肉 … 400g
- サラダ油 … 10g
- にんじん … 2本（400g）
- 玉ねぎ … 小2個（400g）
- じゃがいも（メークイン）… 3個（500g）
- 塩 … 3g
- しょうが … 20g
- コーンスターチ … 適量
- 揚げ油 … 適量
- ご飯 … 適量
- ポーチドエッグ … 卵4個

＊卵は1個ずつ小さな器に割り、塩を入れた熱湯に落とす。スプーンなどでまとめながら3〜6分ゆでて好みの硬さにし、冷水にとって水気をきる。

1 Aの玉ねぎは薄切りにする。フライパンにA、水を入れ、弱めの中火であめ色玉ねぎを作る要領で炒める（p.47参照）(a)。

2 Bを加え、弱火で炒める。バターが一体化して滑らかになって粉に火が入ったら、水を3回に分けて加え、その都度ダマにならないようによく混ぜる(b)。

3 フライパンにサラダ油を強火で熱し、牛肉を炒める。色づいたら鍋に加え、中火で煮る(c)。

4 にんじんは乱切り、玉ねぎはくし形切り、じゃがいもは皮つきで乱切りにし、素揚げする。にんじんと玉ねぎは食感が残る程度に、じゃがいもは全体がきれいに色づくまで揚げる。にんじん、玉ねぎは鍋に加え、5分ほど煮る。塩を加えて混ぜる(d)。

point じゃがいもは煮ると崩れてルーがザラつくので、盛りつけの際に添える。

5 しょうがは皮つきで薄切りにし、コーンスターチをまぶして素揚げする。

6 皿にご飯を盛り、カレーをかけ、素揚げしたじゃがいも、**5**、ポーチドエッグをのせる。

【福神漬け】

材料（作りやすい分量）

- 大根（いちょう切り）… 200g
- にんじん（いちょう切り）… 1本（150g）
- れんこん（いちょう切り）… 1節（180g）
- ［漬けだれ］
  - しょうゆ … 80g　　上白糖 … 60g
  - みりん … 15g　　酢 … 60g
  - 赤唐辛子（粗みじん切り）… 1/2本

1 鍋に漬けだれの材料を沸かし、野菜を入れて火を止める。保存容器に入れ、一晩おけば完成。冷蔵庫で2週間ほど保存可能。

野菜を素揚げすると、甘味が増しますし、ホクホクの食感も美味しいんです。素揚げしたしょうがも絶妙なアクセント！ 手作りの福神漬けも簡単で美味しいので、ぜひ試してみてください!!

大橋さんのバターチキンカレー

材料（4人分）

- 鶏もも肉 … 4枚（800g）
- 玉ねぎ … 3個（600g）
- A
  - サラダ油 … 15g
  - にんにく（みじん切り）… 20g
  - しょうが（みじん切り）… 20g
  - クミン（ホール）… 8g
- B
  - フェヌグリーク … 8g
  - 赤唐辛子 … 15本（8g）
- ガラムマサラ … 20g
- バター … 200g
- トマトホール缶（裏漉す）… 2缶（800g）
- 牛乳 … 1ℓ
- 塩 … 16g

1 鶏もも肉は一口大に切る。玉ねぎは薄切りにする。

2 鍋にAを入れ、中火で香りが出るまで炒める。Bを加え(a)、ひと混ぜし、玉ねぎ、水を加え、あめ色になるまで炒める（p.47参照）。

3 鶏肉、ガラムマサラを加えて混ぜ合わせ、バターを加え(b)、10分煮る。

point パウダースパイスは早く入れると焦げやすいのでこのタイミングで加え、鶏肉に風味をまとわせる。

4 トマトを加え(c)、10分、牛乳を加えてさらに10分煮る。塩を加えて混ぜる。

北インドのバターチキンカレーは名前にも冠されるようにバターたっぷり。レシピでは200gにしていますが、本当は400gくらい入れるのが理想。とてもクリーミーになりますから、ぜひ試してみてください。今回はバスマティライスを水だけで炊いたものにかけていますが、バゲットや食パン、チャパティにも合います。

スパイスの使い分け

スタータースパイスとも呼ばれるホールは、香りが持続するが出にくく、焦げにくい。そのため先に多めの油で加熱して香りを移す。パウダーは一気に香りが出るが焦げやすい。効果を発揮させるには、仕上がりの10分前に加えるのがベスト。長短併せもつスパイスを使い分けることで風味が豊かになる。

Le Mange-Tout メソッド

野水さんのキーマカレー

材料（4人分）
鶏粗びき肉…600g
水…400g
玉ねぎ（みじん切り）…2個（500g）
にんにく（みじん切り）…2片（20g）
しょうが（みじん切り）…20g
トマトホール缶（裏漉す）
　…1缶（400g）
生クリーム…40g
サラダ油…60g
［ホールスパイス］
　クミン…2g
　コリアンダー…1g
　カルダモン…5個
　シナモン…1/2本
　フェヌグリーク…1g
［パウダースパイス］
　ターメリック…2g
　カイエンヌペッパー…3g
　コリアンダー…3g
　クミン…2g
　ガラムマサラ…2g
塩…10g
針しょうが…適量

1. 鍋にサラダ油、玉ねぎ、水を入れ、弱めの中火であめ色になるまで炒める（p.47参照）。
   point サラダ油を多めに使い、このあとで加える油性のスパイスからしっかり香りを移す。
2. にんにく、しょうがを加え、よく混ぜる。火が通ったらホールスパイスを加え、濃厚な香りが出るまで炒める（a）。
   point 材料を加える度によく炒めることで、素材が渾然一体となった奥深い風味が出る。
3. スパイスの香りが出てきたら、トマト、生クリーム、パウダースパイスを加え（b）、よく混ぜ、煮込む。
4. ひき肉に水を入れてほぐし、塩とともに鍋に加える（c）。
   point ひき肉はあらかじめ水を加えてほぐしておき、ダマを防ぐ。
5. 底が焦げやすいので鍋底からときどき混ぜながら、15〜20分煮込む。水分が飛び、油が分離するまで煮込む。水100gほどを加えて濃度を調整する。
6. 皿にターメリックライスを盛り、カレーをのせ、針しょうがを飾る。

【ターメリックライス】

材料（2人分）
バスマティライス…300g
＊バスマティライスは長粒種の香り米。粘りが出ないのが特徴。
A｜ターメリック（パウダー）…2g
　｜ポマード状バター（p.72参照）…20g
B｜水…450g
　｜塩…2g
レモン…1/4個

1. Aを混ぜる。
2. 米をさっと洗い、鍋にBとともに入れ、強火にかける。沸騰したらひと混ぜし、蓋をして弱火にする。8分経ったら、炊きムラを防ぐためにひと混ぜし、さらに10分加熱する。
3. 1を加え、よく混ぜる。レモンを絞り入れて混ぜ、皮も加える。

【チャパティ】

材料（8枚分）
アタ…150g
＊アタはインド産の全粒粉を細かく砕いた、強力粉の一種。強力粉で代用可能。
A｜水…100g
　｜塩…2g
バター…適量

1. Aを混ぜる。ボウルにアタとともに入れ、よく練る。硬さの目安は耳たぶより少し硬い程度。硬ければ水を足す。
2. 8等分して丸め、ラップをかけて冷蔵庫に30分おく（a）。
3. 直径10cmほどに伸ばしてフライパンに入れ、弱めの中火で焼く。気泡ができ、しっかり焼き色がついたら裏返す（b）。このとき、少し透き通っているように見える。気泡がさらに膨らみ、焼き色がついたら取り出す。バターを薄く塗る。

スパイスを多めのサラダ油で炒めるのは、スパイスの香り成分をしっかりと移すためです。芳香深い油で材料を煮ていくことで、風味豊かな味わいに仕上がるんです。このカレーはターメリックライスも合いますし、チャパティも美味しい。両方楽しんでいただけると嬉しいです。

きゅうりとヨーグルトのサラダ

材料（2人分）
きゅうり（1cm角に切る）…300g
A｜プレーンヨーグルト…300g
　｜塩…3g
　｜にんにく（すりおろす）…1.5g
　｜オリーブ油…10g

1. Aを混ぜ合わせ、きゅうりを加えて混ぜる。

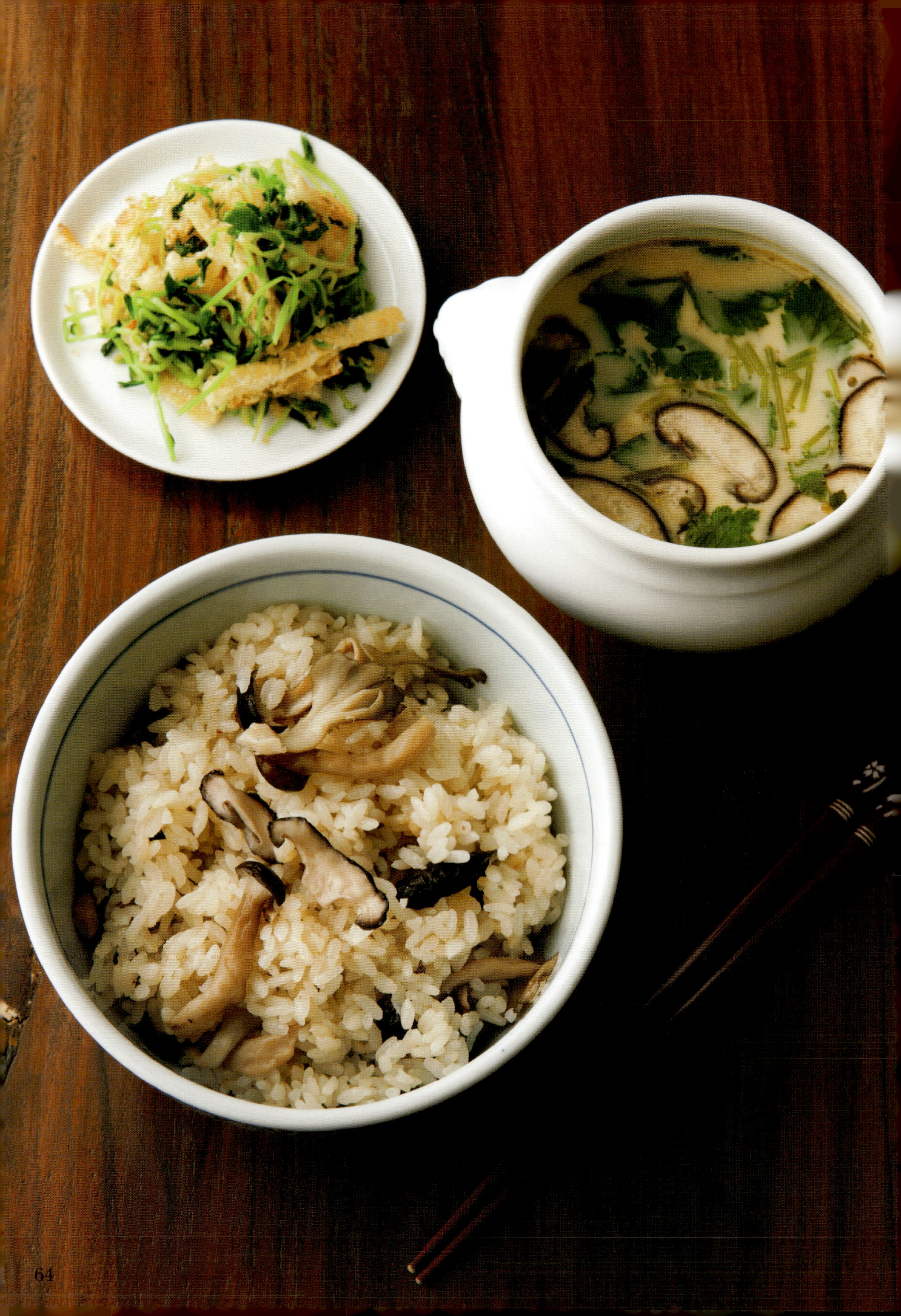

きのこたっぷり炊き込みご飯

皆さんは、具だくさんの炊き込みご飯を求めるあまりに具材を入れすぎて重量オーバー、ご飯がしっかり炊けていなかった、ということはありませんか？大橋さんには苦い過去があるそうです。今回作ってくれたのは亮平さん。失敗することなく、必ず美味しくできるレシピを教えてくれました。

材料（5〜6人分）

米 … 4合
まいたけ … 1袋（80g）
しめじ … 1袋（200g）
しいたけ … 6個（80g）
A｜水 … 720ml
　｜酒 … 100ml
　｜和風だしの素 … 5g
塩 … 5g
しょうがの絞り汁 … 15g

【茶碗蒸し】 ※4人分

卵 … 4個
B｜和風だし … 722g
　｜　*湯720mlに和風だしの素2gを溶かす。
　｜しょうゆ … 10g
　｜塩 … 4g
鶏胸肉 … 60g
しいたけ … 2個（30g）
銀杏（水煮缶）… 1缶（40g）
三つ葉 … 1/2束（16g）

【豆苗と油揚げの和えもの】 ※4人分

豆苗 … 1パック（100g）
油揚げ … 50g
C｜しょうゆ … 6g
　｜酢 … 6g
　｜塩 … 1g

作り方

1 まいたけ、しめじは石づきを取って小房にほぐす。しいたけは5mm幅に切る。

2 鍋にAを入れて強火にかけ、沸騰したら1を入れ、中火で20分ほど煮る。水が減ったら足す。

3 2をざるに上げてきのこと煮汁に分け、煮汁に塩を加えて混ぜる。

4 米は洗い、ざるに上げて水をきり、炊飯器の内釜に入れる。3の煮汁を加え、4合の目盛りになるよう水を足し、炊く。

5 炊き上がったら3のきのこを加えて混ぜ、しょうがの絞り汁を加え、軽く混ぜる。

【茶碗蒸し】

1 鶏肉は下ゆでし、そぎ切りにする。しいたけは石づきを取って薄切りにする。銀杏は下ゆでして臭みをとり、水気をきる。三つ葉は2cm幅に切る。

2 ボウルに卵を溶きほぐし、Bを加えて混ぜ、漉す。

3 耐熱器に1を入れ、2を流し入れる。ラップをし、蒸気の上がった蒸し器に入れ、強火で2分、弱めの中火にして20分蒸す。

【豆苗と油揚げの和えもの】

1 油揚げはサラマンダーまたは魚焼きグリルなど、強火の遠火でこんがり焼き、細切りにする。

2 豆苗はゆでて水気をきり、食べやすい長さに切る。

3 1、2、Cを混ぜ合わせる。

材料（作りやすい分量）

牛切り落とし肉…500g
A ┤ 上白糖…100g
　　水…50g
酒…150g
しょうが（5mm角の色紙切り）…100g
しょうゆ…100g
ご飯…適量
貝割れ…適量

1 牛肉は食べやすい大きさに切る。鍋にたっぷりの湯を沸かし、牛肉をほぐし入れる。再び沸騰したらざるに上げ、流水で軽くすすぎ、水気をきる。

2 鍋にAを入れて強火にかける。上白糖が溶けたら中火にし、鍋を回しながら煮詰め、キャラメル状になったら酒を加える。
point 酒を加えることでキャラメル化＝焦げが進むのを止める。

3 しょうが、しょうゆ、1を加える。牛肉が水分に浸らなければ水を足し、弱火で汁気がなくなるまでときどき混ぜながら煮る。

4 ご飯に牛肉のしぐれ煮を混ぜる。器に盛り、貝割れをのせる。
point 割合の目安は、2人分でご飯400gに対し、しぐれ煮100g。

Le Mange-Tout メソッド

上白糖を焦がして肉を煮る

煮汁の上白糖は焦がす＝キャラメル状にすることでキレのある甘さになる。上白糖に水を加えてシロップにしてから煮詰めるとキャラメルを作りやすい。

牛肉のしぐれ煮混ぜご飯

牛肉は下ゆでしてアクとともに臭み、余分な脂を除きます。
しぐれ煮は常備菜として保存が可能。
このままご飯にのせればどんぶりとして趣も変えられますし、
うどんのトッピングにも合います。

ビリヤニ

ビリヤニはインドの米料理。
使用するのは繊細で優れた芳香をもつ長粒種の香り米。
「バスマティ」はヒンディー語の「香りの女王」に由来します。
調理しても粘りが出ないのも特長。
タンドリーチキンやカレーにもよく合います。

材料(2人分)

海老…150g
いか…200g
サラダ油…20g
[ホールスパイス]
　カルダモン…2個
　クミン…1g
　コリアンダー…1g
しょうが(みじん切り)…20g
にんにく(みじん切り)…10g
玉ねぎ(みじん切り)…1個(250g)
トマト(ざく切り)…3個(400g)
[パウダースパイス]
　ターメリック…2g
　カイエンヌペッパー…1g
　クミン…1g
　ガラムマサラ…3g
バスマティライス…300g
A ┃ 鶏ガラスープの素…8g
　 ┃ バター…20g
　 ┃ 塩…8g
　 ┃ 水…500g

1. 海老は背わたを取り、いかは2～3cm角に切る。下処理をし(下記参照)、ゆでて水気をきる。
   point 海老といかの下処理は生臭さをとるために必須。

2. 鍋にサラダ油、ホールスパイスを入れ、弱火にかける。香りが出たら、しょうが、にんにくを加えて炒める。香りが出たら玉ねぎを加え、しんなりするまで炒める。

3. トマトを加えてひと混ぜし、パウダースパイス、米を順に加え、軽く混ぜ合わせる。A、1を加え、強火で加熱する。

4. 沸騰したら弱火にし、蓋をして煮る。8分経ったら底からすくうように上下を混ぜ、蓋をして3分蒸らす。

Le Mange-Tout メソッド

海老、いかの下処理

ボウルに海老、いかを入れ、塩3gをふって混ぜる。水分が出てきたら酒30gを加えて混ぜ、強力粉15gをふり入れ、練るように混ぜる。流水で洗い、ざるに上げて水気をきる。

豚丼、亮平流

大好きな豚肉を、がっつりと食べたいとき、
しょうゆベースのピリ辛味で！
男の人に作って食べてほしい一品です。

どんぶり三人三様

三兄弟はさておき、谷シェフは完全に1日1食の生活です。
体調がすぐれないときも健やかなるときも、まかないがすべて！
身体が弱っていると「おかずがたくさんあるとしんどい」と谷シェフ。
そんなときでさえ、どんぶりは誂え向き。
率直な「好きだ」という嗜好だけではなく、
栄養バランスをとりやすいという面でも、ベストなまかないなのです。

ごぼうのかき揚げ丼、野水流

薄く切ったごぼうがサクッと揚がった様子に垂涎。
ご飯が進むように、ごぼうに合うように、たれは濃いめ。
かき揚げは、少ないごぼうを嵩増しできるのも利点です。

三色そぼろ丼、大橋流

どんぶり部門の定番、月に1度は登場します。
昼間に作って、深夜のまかないまでストックできるのも魅力。
温かいご飯にのせるだけで完成！ お弁当にも最適です。

豚丼、亮平流

材料（2人分）
豚バラ薄切り肉…500g
A｜しょうゆ…10g
　｜片栗粉…15g
　｜サラダ油…20g
エリンギ…1パック（120g）
まいたけ…2パック（160g）
塩…2g
B｜みりん…100ml
　｜酒…100ml
　｜しょうゆ…40ml
C｜赤唐辛子…1本
　｜しょうが（せん切り）…15g
水…300ml
長ねぎ（斜め薄切り）…100g
サラダ油…20g
ご飯…適量

1 豚肉は一口大に切り、Aをもみ込み、10分おく。
2 エリンギは縦に細切り、まいたけは小房に分ける。
3 フライパンにサラダ油10gを強火で熱し、2を焼き、塩を加えて混ぜ、取り出す。
   point 一気に焼いて香りをつける。弱火だと水分が出て「煮えて」しまうので注意。
4 フライパンにサラダ油10gを中火で熱し、1を広げて入れ、焼く。火が通ったらざるに上げて脂をきる。
5 フライパンにBを入れて強火で熱し、アルコール分を飛ばす。Cを加え、ひと煮立ちしたら4、3、水を加え、汁気が少なくなるまで煮詰める。長ねぎを加えてひと混ぜする。
6 器にご飯をよそい、5を盛る。

Le Mange-Tout メソッド

無用なものを見極める
もったいないからと言って、何もかもを使うのは美学に反する。長ねぎや玉ねぎの乾いた部分は、煮ても焼いてもどうにもならない。手をかけても美味しくならない部分を料理に使うのは「無駄」にほかならない。変色した部分、乾いた部分は思いきって捨てる。

ごぼうのかき揚げ丼、野水流

材料（2人分）
鶏胸肉…1枚（180g）
塩麹…18g
ごぼう…1本（200g）
［衣］
　卵…1個
　水…150g
　薄力粉（ふるう）…90g
強力粉…15g
揚げ油…適量
ご飯…適量
［たれ］
　しょうゆ…50g
　酒…50g
　みりん…50g
　上白糖…15g
＊鍋に材料を入れ、沸騰させてアルコール分を飛ばす。

1 鶏肉は皮を取り、塩麹に漬けてラップをし、3時間〜半日おく。
2 1の塩麹を拭い、1.5cm角に切る。
3 ごぼうは4〜5cm長さの薄いささがきにする。
4 衣を作る。ボウルに卵を溶き、水を加えてよく混ぜる。薄力粉を加え、さっくりと混ぜる。
   point ダマが多少残っていてもOK。

三色そぼろ丼、大橋流

材料（4〜5人分）

[鶏そぼろ]
鶏ひき肉 … 500g
A ┃ 酒 … 200ml
　┃ しょうゆ … 50ml
　┃ みりん … 100ml
　┃ しょうが（すりおろす）… 20g

[炒り卵]
卵 … 5個
B ┃ 上白糖 … 50g
　┃ しょうゆ … 15g

[いんげんのごま和え]
さやいんげん … 400g
C ┃ 黒いりごま … 10g
　┃ しょうゆ … 40g

ご飯 … 適量

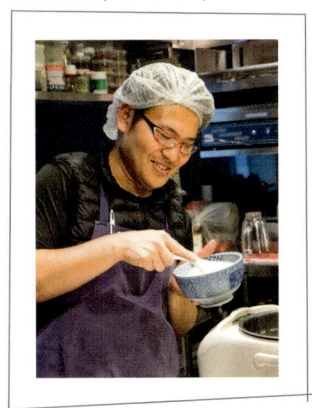

作り方

1. 鶏そぼろを作る。フライパンにサラダ油大さじ1、ひき肉を入れ、強火で潰しながら炒める。ひき肉がぽろぽろになるまで炒めたら、Aを加え、強火で汁気がなくなるまで煮る。

2. 炒り卵を作る。ボウルに卵を溶き、Bを加えて混ぜる。鍋またはフライパンにサラダ油大さじ1を入れて弱めの中火にかけ、卵液を入れ、菜箸5〜6本で絶えずかき混ぜる。細かくなるまで炒る。
   point 鍋肌に卵がこびりついてきたら火から下ろし、鍋底をぬれぶきんに当てる。

3. いんげんのごま和えを作る。さやいんげんはヘタを切り、塩ゆでして水気をきる。2cm長さに切り、Cと混ぜる。

4. 器にご飯をよそい、1、2、3をのせる。

5.  別のボウルに2、3を入れ、強力粉をふり入れ、底から持ち上げるように混ぜて全体にまぶす。4を加え、さっくりと混ぜる。

6. 170℃の揚げ油に5を入れる。同じ場所に層を重ねるように、大さじ2〜3杯分ほど落とす。
   point 重ねるように落とすのは揚げムラをなくすため。時間をおかずにすぐに落とせば散ることはないので心配ない。温度が低すぎると固まるまでに時間がかかり、崩れの原因になるので注意。

7. まわりに飛び出したものは菜箸で支える程度にまとめる。触りすぎると崩れるので注意。

8. 色づいたら裏返す。全体が色づき、持ち上げてみて軽くなっていたら揚げ上がり。油をきる。

9. 器にご飯をよそい、8をのせ、たれをかける。

おすすめ副菜

カリフラワーといかのごま和え

しみじみと滋味に富んだごま和えは、
どんぶりものに格好の副菜。
カリフラワーといかの組み合わせは、
ヴィネグレットや中華だれでも美味しいです。

材料（4〜5人分）

カリフラワー … 2株（400g）
いか … 200g
オリーブ油 … 10g
塩 … 2g
ごまだれ（p.81参照）… 80g

作り方

1. いかは両面に格子状の切れ目を入れ、2cm角の色紙切りにする。フライパンにオリーブ油、いかを入れて中火にかけ、両面焼く。

2. カリフラワーは小房に分け、たっぷりの湯で塩ゆでし、水気をきる。熱いうちに塩、1、ごまだれを加え、混ぜる。

明太子スパゲッティ

このメニューがまかないに登場するのは、楠本マダムのお母さまから福岡の明太子が贈られてきたとき。
名産の高級品で作るパスタは絶品ですが、お徳用のものでも充分に美味しくできるメソッドが
ル・マンジュ・トゥーにはあるのです。どうぞご覧ください。

材料（2人分）
明太子 … 小3腹（100g）
バター … 100g
カイエンヌペッパー
　または一味唐辛子 … 好みで適量
塩 … 好みで適量
スパゲッティ … 300g
大葉（せん切り）… 2束（20枚）
のり（細切り）… 全形3枚

1　明太子は薄皮を取る。バターはポマード状にする。
2　ボウルに1を入れて混ぜ、味をみて好みでカイエンヌペッパー、塩を加える。
3　スパゲッティを表示通りにゆでて水をきり、熱いうちに2に加え、和える。
4　皿に盛り、大葉、のりを飾る。

Le Mange-Tout メソッド

ポマード状バターは明太子と同量

美味しさのコツは明太子をたっぷり、バターもたっぷり、同量を使用すること。ポマード状にすることでパスタと馴染みやすくなる。すなわち明太子がパスタにからむということ。ポマードはフランス語で「軟膏」のこと。滑らかなクリーム状を指す。

特製ケチャップのナポリタン

三兄弟がまかないで平らげるスパゲッティは、一人200g！ ケチャップをしっかり炒めて奥行きを出すのが美味しさのコツ。
特製ケチャップをぜひお試しいただきたいですが、市販品でも構いません。
ピーマンは火を通しすぎないことでえぐみを抑え、食感の良さを残します。

材料（2人分）
- スパゲッティ … 200g
- 玉ねぎ … 大1個（300g）
- ピーマン … 4個（85g）
- マッシュルーム … 3個（40g）
- ソーセージ … 5本（80g）
- バター … 15g
- 特製ケチャップ（p.81参照）… 300g
- ＊市販のケチャップで代用する場合は150〜200g。
- 黒こしょう … 適量
- ポーチドエッグ（p.62参照）… 卵2個

1. スパゲッティは表示通りにゆで、ざるに上げる。
   point アルデンテにする必要はない。芯が残らないようにゆで、モチモチに仕上げる。

2. 玉ねぎは半分に切り、横に半分に切ってから3mm幅に切る。ピーマンは横半分に切ってから3mm幅に切る。マッシュルームは3mm幅に切る。ソーセージは3mm幅の斜め切りにする。

3. フライパンにバターを溶かし、中火で玉ねぎ、ソーセージを炒める。玉ねぎが少し透き通ったらマッシュルームを加えて炒め、火が通ったらケチャップを加え、よく炒める。ケチャップの水分が飛び半量くらいになったらピーマンを加え、軽く炒める。1を加えて炒め合わせ、全体に馴染ませる。

4. 皿に盛り、黒こしょうをふってポーチドエッグを添える。

Le Mange-Tout メソッド

ケチャップはじっくり炒める

ケチャップは酸味を飛ばしてコクを出す。最初は赤いが、茶色っぽくなるまで炒める。また、スパゲッティは芯を残さずあらかじめゆでておくことで、旨味の出たソースが存分にからむ。

ネバネバ蕎麦

熱い季節をのりきる夏のスタミナメニューです。スタッフの健康を気遣いながらも、ネバネバ好きな大橋さんは使いすぎてしまい、マダムからネバネバ禁止令が出るという一幕もあったそう。お好みで、ごま、のり、かつお節、卵なども。ご飯にもよく合います。

材料（5〜6人分）
蕎麦 … 3袋（600g）
納豆 … 3パック
えのきたけ … 1袋
なめこ … 1袋
オクラ … 1袋（10本）
山いも … 300g
梅干し … 大5個
みょうが … 3個
大葉 … 10枚
めんつゆ … 適量

1. えのきたけは根元を切ってほぐし、ゆでて水気をきる。なめこもゆでて水気をきる。オクラは板ずりをし、ゆでて水気をきる。山いもは細切り、梅干しはみじん切り、みょうがと大葉はせん切りにする。
2. 納豆、1を混ぜ合わせる。
3. 蕎麦は表示通りにゆで、冷水で洗ってぬめりを取り、ざるに上げて水気をきる。
4. 器に蕎麦を入れてめんつゆをかけ、2をのせる。

Le Mange-Tout メソッド

ネバネバでスタミナアップ

ネバネバ食材の健康効果は見逃せない。とくに夏場、疲れた身体のケアに効果を発揮。するりとした喉越しの良さも食欲が落ちたときにうってつけ。ネバネバの組み合わせはお好みで自由に。品目が多いほうが食感、風味ともに楽しめる。

鶏そば

手羽元を蒸してとるスープは、通常のラーメンとはまた違う、冴えた風味。
トッピングなしのあしらいでも充分に満足感があるのは、スープへの妥協なき姿勢の現れです。
ル・マンジュ・トゥーのまかないでは、そばが汁ものの位置づけになることも。

材料（4人分）

A
- 鶏手羽元 … 1kg
- 酒 … 100g
- しょうが … 5g
- 長ねぎ … 青い部分1本分

塩 … 適量
中華麺 … 4玉

【トッピング】
スープをとった鶏手羽元 … 適量
長ねぎ（白髪ねぎ）… 白い部分1本分
辣油（p.81参照）… 適量
塩 … 適量

1. ボウルにA、浸る程度の水を入れる。蒸気が上がった蒸し器に入れ、蓋をして強めの中火で4時間蒸す。
   point 蒸し器を空焚きしないよう、30分に一度は水を足す。

2. 1の蒸し汁をペーパーを重ねたシノワで漉す。鍋に入れて中火にかけ、半量ほどになるまで煮詰める。塩を加え、味を調える。

3. 手羽元はほぐし、トッピングの材料を混ぜ合わせる。

4. 麺をゆで、水気をきる。
   point ゆで上がった麺を流水で洗ってぬめりを取り、湯で温めなおして（または熱湯をかけて）水気をきると、スープが濁らない。

5. 器に4を入れ、2を注ぎ、3をのせる。

Le Mange-Tout メソッド

蒸し汁を煮詰めて濃厚スープに

スープは材料を煮るのではなく、蒸してクリアな味に仕上げる。その蒸し汁を煮詰めることで旨味を凝縮させる。

谷さんの韓流定食

材料さえ揃えれば「あっ」という間に完成するメニューを3品ご紹介。
ご飯のおとものりは、おかゆにもよく合います。
谷シェフはちょっぴり上質な干しのりを使っていますが、
一般的な焼きのりでも充分、美味。軽く炙って作ってください。

キムチスープ

材料（4人分）
豚バラ薄切り肉（一口大に切る）… 350g
キムチ … 400g
しいたけ（薄切り）… 3個（50g）
にんじん（いちょう切り）… 80g
大根（いちょう切り）… 300g
玉ねぎ（薄めのくし形切り）… 100g
ニラ（3cm長さに切る）… 1束（60g）
長ねぎ（斜め切り）… 1本（70g）
ぜんまい（水煮）… 1袋（90g）
にんにく（薄切り）… 1片（10g）
水 … 2ℓ

1 鍋に水、豚肉を入れて強火にかけ、アクを取る。中火にし、残りの材料を加え、火が通るまで煮る。

ご飯のおとものり

材料（作りやすい分量）
干しのり … 10g
A ｜ しょうゆ … 10g
　 ｜ ごま油 … 20g
　 ｜ 白いりごま … 5g

1 ボウルにのりを入れ、Aを上から順に加え、その都度混ぜる。

押し麩の三杯酢和え

材料（2〜3人分）
押し麩 … 4枚
三杯酢（p.81参照）… 80g

1 押し麩は4等分に切り、水でもどし、水気をしっかり絞る。
2 1と三杯酢を混ぜる。

卵かけご飯

卵愛を自負する谷シェフ。卵かけご飯は、人生最後の晩餐に選ぶほどの大好物。
元気なときはもちろん、食欲がないときでもするっと滑らかに喉を通り、へたった身体をクリアにしてくれます。
そして、まかないがよろしくないときも卵かけご飯の出番。「卵ちょうだい」の一言がキッチンに響き、
まかないは手つかずのまま。三兄弟にとっては恐怖のメニューでもあるのです。

1 卵を味わうのに熱々ご飯はNG。卵が熱で凝固してしまうので、器に盛っておく。

2 ご飯のよそい方は自由でいいが、気持ち平らに、中央をくぼませておいても。このときのご飯は230g。

3 卵を割り入れる。卵はご飯の上で混ぜるのだ。

4 卵は中央から卵黄、濃厚卵白、液状卵白から成る。混ぜすぎないのがポイント！　卵黄を崩したら、濃厚卵白をきりすぎないように、ざっくりと混ぜる。

5 ご飯230gに対して、卵1個では少なかった。もう1個追加。前後するが、卵は平らなところで叩いてヒビを入れる。殻のヒビに指をフィットさせ、殻が入らないように割る。

6 1個めと同様に混ぜる。

7 ここでしょうゆを回しかける。色が薄くサラサラの液状卵白、とろみのある濃厚卵白、卵黄の順番に食べ、味のグラデーションを楽しむ。

梅干しで塩分を調整、口の中をリフレッシュさせる役目も。

Salad

ピエモンテーズ

フランスで人気のじゃがいものサラダ。
素材を角切りにするのがお約束で、
ビストロなどでもお馴染みです。
トマトが入るからか、暖かい季節に登場します。

材料(4人分)
じゃがいも(メークイン)…2個(400g)
トマト…1/2個(100g)
ゆで卵…2個
ハム…30g
コルニッション…50g
A　マヨネーズ(p.81参照)…70g
　　塩…適量
　　黒こしょう…適量

1　具材はすべて1cm角に切る。じゃがいもはゆでて、水気をきる。

2　1とAを混ぜる。

白菜とりんごのサラダ

白菜の中心の芯の部分が柔らかくて美味。
外側を鍋で使った残りでしたが、
このサラダが大ヒット。
白菜の使いきりにも役立つメニューです。

材料(4人分)
白菜(中心の白い部分)…1株分(250g)
りんご…1/2個(100g)
万能ねぎ…40g
A　ごまだれ(p.81参照)…40g
　　辣油(p.81参照)…5g
　　酢…15g

1　白菜は7mm幅、りんごは7mm幅の拍子木切り、万能ねぎは7cm長さに切る。

2　白菜と万能ねぎはたっぷりの水に漬けてシャキッとさせ、水気をしっかりきる。

3　2、りんご、Aを混ぜ合わせる。

豆腐サラダ

このサラダを作るうえで目指すのは「栄養」。
豆腐はたれとよく混ぜて、
あたかも「豆腐ドレッシング」のように。
野菜がたっぷり食べられます。

材料（4人分）
豆腐（絹）… 200g
貝割れ … 2パック（90g）
水菜 … 1袋（90g）
中華だれ（p.81参照）… 60g

1 貝割れは根元を切る。水菜は6cm長さに切る。たっぷりの水に漬けてシャキッとさせ、水気をしっかりきる。
2 豆腐は一口大に切る。
3 器に1、2をのせ、中華だれをかける。

豚しゃぶとごぼうのサラダ

定番であって相性のいい組み合わせ。
濃厚なごまだれは
酢を加えて軽さをもたせ、
さっぱりとしたサラダに仕立てます。

材料（4人分）
豚バラ薄切り肉 … 150g
ごぼう … 1本（100g）
A ┃ ごまだれ（p.81参照）… 30g
　┃ 白いりごま … 10g
　┃ 酢 … 10g
　┃ しょうが（せん切り）… 5g

1 豚肉は3〜4cm長さに切る。ごぼうは縦半分に切ってから斜め薄切りにする。
2 1をそれぞれゆで、ざるに上げて水気をきる。温かいうちにAと混ぜる。

Salad

春雨サラダ

シェフもマダムも大好物ですから、
決まって山盛り作ります。
野菜がたくさん摂れるのがいいところ。
麻婆豆腐や、味の濃い主菜のときなどに合わせます。

材料（4人分）
春雨 … 60g
きゅうり … 1本（80g）
にんじん … 1/2本（70g）
ハム … 40g
卵 … 3個
塩 … 1g
サラダ油 … 適量
白いりごま … 15g
中華だれ（p.81参照）… 70g

1　春雨はゆで、水気をきる。
2　卵は溶いて塩を加え、サラダ油で薄く焼いて細切りにし、錦糸卵にする。
3　きゅうり、にんじん、ハムは5cm長さの細切りにする。
4　1、2、3、ごま、中華だれを混ぜ合わせる。

紅白なます

たかが3つの材料から成る三杯酢ですが、作っておけば万能。
素早く副菜を作れます。
一味唐辛子、柚子、ごまなどでアレンジが
効くのも嬉しいです。

材料（4人分）
大根 … 300g
にんじん … 50g
塩 … 2g
三杯酢（p.81参照）… 100g

1　大根は1cm幅の薄い短冊切りにし、半量の塩をふり、軽くもむ。にんじんは細切りにし、残りの塩をふり、もむ。
2　1の水気をそれぞれ絞り、三杯酢と混ぜる。

調味料

ドレッシングやたれの作りおきがあれば、もう一皿というときにも便利。空き瓶やディスペンサー、ペットボトルなどを活用して常備しています。かけ合わせにも適した、使い勝手のいい調味料をご紹介します。

※材料はすべて作りやすい分量です。

A B C D E F G

辣油 (A)

- A
  - 一味唐辛子 … 15g
  - 韓国産唐辛子（粗びき）… 15g
  - 八角（1片に割る）… 1/2個
  - 花椒（ホール）… 2g
- サラダ油 … 120g

1 ボウルにAを入れる。

2 サラダ油を140℃に熱し、1に加える。底に固まっていれば混ぜる。一晩おいて使い頃。

point 油の温度が要。煙が出るのは酸化している状態。スパイスが焦げるので熱しすぎないこと。

保存 常温で1ヵ月。

中華だれ (B)

- しょうゆ … 30g
- 上白糖 … 30g
- 酢 … 50g
- ごま油 … 20g
- 長ねぎ（みじん切り）… 30g
- しょうが（みじん切り）… 10g

1 材料をすべて混ぜ合わせる。

保存 冷蔵庫で1週間。

三杯酢 (D)

- しょうゆ … 50g
- 酢 … 150g
- 上白糖 … 50g

1 材料をすべて混ぜ合わせる。

保存 冷蔵庫で1ヵ月。

マヨネーズ (C)

- A
  - 卵黄 … 2個
  - ディジョンマスタード … 5g
  - 塩 … 2g
- オリーブ油 … 100ml
- 赤ワインヴィネガー … 10g

1 ボウルにAを入れ、泡立て器でよくすり混ぜる。

2 オリーブ油を少しずつ垂らして加え、手を休めず、白く、もったりとするまでしっかり混ぜ続ける。

3 ヴィネガーを加え、しっかり混ぜる。

保存 冷蔵庫で1週間。

特製ケチャップ (E)

- トマト（ざく切り）… 4個（720g）
- グラニュー糖 … 20g
- 赤ワインヴィネガー … 100ml
- 塩 … 2g

1 フライパンにグラニュー糖を中火で熱し、色づいたらヴィネガーを加える (a)。

2 トマト、塩を加え (b)、汁気がなくなり、半量ほどになるまで煮る (c)。

3 ミキサーで攪拌し、漉す。

point 水っぽければ鍋に戻し、好みの濃度まで煮詰める (d)。

保存 作り立てがフレッシュで美味しいが、冷蔵庫で1週間保存可能。

a b c d

ごまだれ (F)

- ピーナッツ（無塩）… 30g
- 白いりごま … 50g
- 練りごま … 50g
- 上白糖 … 50g
- A
  - みりん … 40g
  - 酢 … 30g
  - しょうゆ … 20g
  - 塩 … 4g

1 ピーナッツは焦がさないように香りが出るまで煎り、冷ます。

2 すり鉢にいりごまを入れ、する。2割程度すったら上白糖を加え、半ずりにする。1を加え、米粒ほどの大きさになるまで砕くようにする。練りごまを加え、混ぜる。

3 Aを加え、混ぜ合わせる。

point すり鉢がなければ、ピーナッツは刻み、いりごまは省いて練りごま100gの分量に。有塩のピーナッツを使う場合は、塩を加減する。

保存 冷蔵庫で2週間。

ヴィネグレット (G)

- A
  - 赤ワインヴィネガー … 40ml
  - ディジョンマスタード … 20g
  - 塩 … 3g
- オリーブ油 … 120ml

1 ボウルにAを入れ、泡立て器でよくすり混ぜる。

2 オリーブ油を少しずつ加え、手を休めず、とろりとするまで混ぜ続け、乳化させる。

保存 冷蔵庫で2週間。

Le Mange-Tout の お楽しみ

白玉あずき

谷シェフは無類のあんこ好き。白玉あずきが定番の座に着くのも必然です。
食後のデザート必須のル・マンジュ・トゥー、甘いものがなければケーキを買うより作るより、「あんこ炊こう！」と、
シェフ自らあずきを手に取るそうです。あんこは冷凍できるのも好都合。
薄く平らに冷凍しておけば、鍋に割り入れて少しの水を加えて温めるだけ。
白玉はすぐにできますから、思い立ったら作れます。あんこは甘め、白玉は柔らかめ、がル・マンジュ・トゥーのお好み。
ですから白玉は、一般的な配合よりも水が多めになっています。
形は作りにくいのだけれど、こだわりの食感を求めます。

材料（作りやすい分量）

小豆 … 100g
塩 … 2g
上白糖 … 100g
［白玉］
　白玉粉 … 100g
　水 … 110ml

1 小豆あんを作る。鍋に小豆、たっぷりの水を入れて火にかけ、沸騰したらざるに上げる。

2 鍋に1、塩、小豆の高さの倍量の水を入れ、強火にかける。アクが出たら取り、弱火にして小豆が柔らかくなるまで1時間ほど煮る。小豆の頭が出てきたら水を足し、その都度火を強め、一定の火加減を保つ。

3 小豆を指で潰せるようになったら上白糖を加え、焦がさないように練り込み、好みの濃度に仕上げる。

4 白玉を作る。ボウルに白玉粉を入れ、水を少しずつ加えながら、耳たぶくらいの硬さになるまで混ぜる。

5 鍋にたっぷりの湯を沸かし、4を真ん中をくぼませるように丸め、浮き上がってくるまでしっかりゆでる。水にとって水気をきる。

6 器に小豆あんを盛り、白玉をのせる。

ときにはごちそう、食いしん坊のメニュー

上巳の節句、クリスマスといった折節の行事、スタッフの誕生日など、
時節の移り変わりとともに訪れるイベントを大切にするのも、
ル・マンジュ・トゥー。
特別な日は、まかないも景気のよいメニューが並びます。
予算のやりくりは普段と同じ、緩急つけながら辻褄を合わせますが、
みんなの喜ぶ顔が見たいばかりにポケットマネーから奮発、
というようなこともあるそうです。

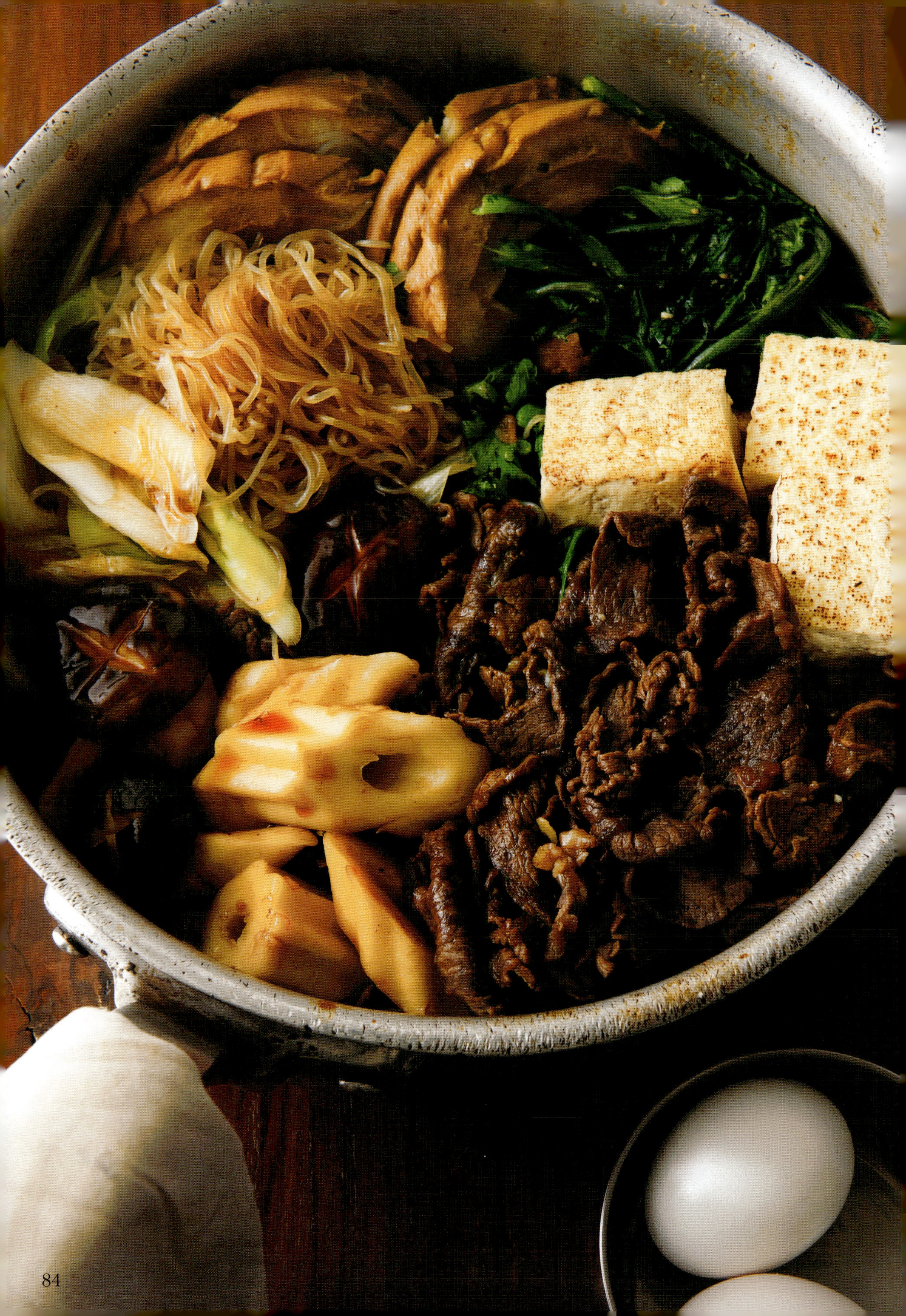

東京すき焼き

地方や家庭により調理法が異なるのがすき焼きの面白いところ。
我が蘊蓄を語りたくなる料理のひとつです。
ここでご紹介するのは、東京下町生まれ野水さんの
「東京すき焼き」。野水家のすき焼きです。
先に肉を焼いて甘辛く味つけし、さっと煮て仕上げます。
煮すぎずに食べるのが野水さん流。

材料（4人分）

牛薄切り肉…800g	ちくわぶ…1本（160g）	車麩…8個
牛脂…約20g	焼き豆腐…2丁	春菊…1束
上白糖…200g	しいたけ…8個	卵…適量
しょうゆ…200g	長ねぎ…3本	
酒…200g	しらたき…1玉（200g）	

1 牛肉は食べやすい大きさに切る。焼き豆腐は4等分に切る。しいたけは石づきを取って十字に切り込みを入れる。ちくわぶ、長ねぎは斜め切りにする。しらたきは食べやすい大きさに切る。

2 フライパンを中火で熱し、牛脂を入れて溶かし、肉を焼く。片面を焼いて裏返し、鍋に移す。このとき、完全に火が入っていなくてOK。

point　フライパンを使うのは、肉を広げて焼くため。肉の広い面積に牛脂の香りをつける。量が多いときは鍋に移すこの方法が最良。

3 強火にかけ、ひと煮立ちしたら上白糖を加え、混ぜて馴染ませる。

4 しょうゆを加え、沸いたら酒を加える。

point　しょうゆは少し焦げる程度に火を入れると、香ばしくなって美味しい。ひと呼吸おいてから調味料を加えることで、肉に風味がしっかりつく。

5 肉を端に寄せ、春菊以外の材料を火の入りにくい順に（材料表の上から）、重ならないように加える。

point　しらたきは肉から離して入れること。しらたきに含まれるカルシウムで肉が硬くなってしまうので注意。

6 全体が煮えたら春菊を加える。器に卵を溶き、つけながら食べる。

point　水分の多い野菜はなるべく控えめにし、「焼く」感覚で食べる。

開化丼

すき焼きが残ったら、卵でとじて開化丼に仕立てます。具が残らなかったら？ シメを楽しみたいなら残しておくんです。汁気が少なければ、同じ割合のたれを足します。「丼はつゆだくのほうが美味しいです」とは野水さんのお好み。

ちらし寿司

まかないにも季節感を取り入れます。
ちらし寿司が登場するのは雛祭の頃。
ときには海鮮を取り寄せて、贅沢な席を設けます。
ル・マンジュ・トゥーはあくまで女性が主役。
潮汁のはまぐりは女性だけ、男子はあさり、がお約束なのだそうです。

材料（7〜8人分）

干ししいたけ … 8枚
　〈煮汁：もどし汁500ml、しょうゆ45g、砂糖30g〉
れんこん … 200g
　〈煮汁：酢100ml、酒30g、しょうゆ22g〉
かんぴょう … 30g
　〈煮汁：水200ml、和風だしの素1g、砂糖30g、しょうゆ22g〉
［錦糸卵］
　卵 … 10個
　和風だし … 81g
　＊湯80mlに和風だしの素1gを溶かす。
　しょうゆ … 8g
　砂糖 … 10g
　塩 … 1g
米 … 5合
［寿司酢］
　※以下（作りやすい分量）から120g
　酢 … 100ml
　砂糖 … 50g
　塩 … 10g
白いりごま … 30g
大葉（せん切り）… 40枚
のり（細切り）… 4枚

【海鮮刺し身】
いくらのしょうゆ漬け、ひらめ、帆立貝柱、あわび、うに（刺し身用）… 好みで適量

1 米は洗い、ざるに上げて水をきり、炊飯器に入れて普通の水加減で炊く。

2 しいたけは薄切り、れんこんはいちょう切りにする。かんぴょうは水でもどして軽く絞り、塩もみして洗い流し、2〜3cm長さに切る。それぞれ煮汁と鍋に入れ、落とし蓋をして弱めの中火で汁気がほとんどなくなるまで煮る。

3 錦糸卵を作る。ボウルに卵を溶きほぐし、ほかの材料を加えて混ぜる。フライパンを中火で熱し、キッチンペーパーに染み込ませたサラダ油少量（分量外）を塗る。卵液を流し入れ、フライパンを傾けて全体に薄くのばし、縁の部分が乾いてきたら裏返し、すぐに取り出す。粗熱がとれたら細切りにする。
※フライパンは直径26cmを使用、一度に入れる卵液は大さじ2ほど。

4 鍋に寿司酢の材料を入れて火にかけ、溶かす。炊き上がったご飯は軽くほぐす。寿司酢をしゃもじで受けながら加え、切るように混ぜる。

5 2を加え、さっくりと混ぜ合わせる。ごまも加え、混ぜる。

6 器に5を盛り、3を全体に散らし、大葉、のりをのせる。海鮮は別皿に盛る。

ほうれん草のおひたし

材料（7〜8人分）
ほうれん草 … 1束（350g）
A｛水 … 100ml
　和風だしの素 … 2g
　しょうゆ … 10ml
　塩 … 1g｝
かつお節 … 適量

1 ほうれん草は塩ゆでし、冷水にとり、しっかり絞って水気をきる。

2 鍋にAを入れて沸騰させ、1を浸す。長さを揃えて切り、器に盛り、かつお節をのせる。

潮汁

材料（7〜8人分）
はまぐり（またはあさり）… 1kg
A｛水 … 1.5ℓ
　和風だしの素 … 2g
　酒 … 100ml
　塩 … 4g｝
三つ葉（ざく切り）… 適量

1 はまぐりは海水程度の塩水にしばらく浸して砂を抜く。

2 鍋にAを入れて火にかけ、沸騰したら1を入れ、口が開くまで煮る。器に盛り、三つ葉を飾る。

海鮮ちらし

どんな海鮮ちらしにするかは、セルフ方式。銘々皿に取り分けてお好みの海鮮を飾ります。好き嫌いがある場合にも対応できるアイデアです。

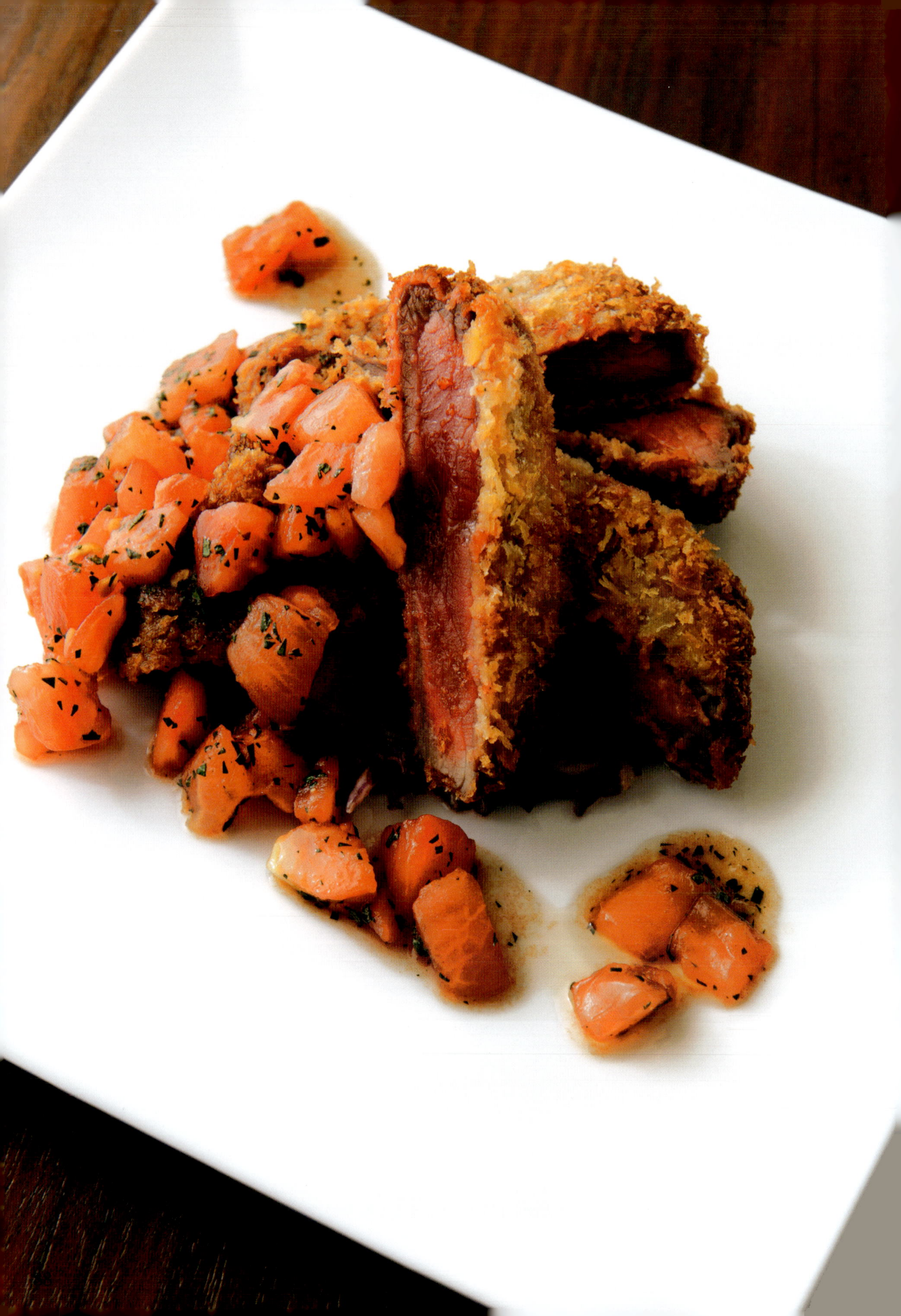

コートレット・ブッフ

コートレットは子牛や羊の切り身にパン粉をつけてバター焼きにした料理。
ブッフは牛肉を意味します。理想の仕上がりは中心部が赤くレアな状態。
そのために少ない油で揚げ焼きにします。
これを豚ロースで作れば「とんかつ」になります。

材料（4人分）
牛もも肉 … 1.5cm厚さ3枚（1枚100g）
塩 … 1枚に0.7〜0.8g
強力粉 … 適量
卵液 … 卵黄1個：水大さじ1
パン粉 … 適量
揚げ油 … 適量
［トマトソース］
　トマト … 2個（300g）
　リーペリンソース（ウスターソース）… 10g
　タバスコ … 1g
　イタリアンパセリ（みじん切り）… 3g

1 牛肉は軽く叩いて厚みを整える。塩をもみ込み、室温で10分ほどおく。
   point 塊肉の場合は、繊維を断つように切るのが基本。

2 トマトソースを作る。トマトは皮を湯むきし、1cm角に切る。ほかの材料を混ぜ合わせる。

3 牛肉に強力粉を薄くまんべんなくつけ、卵液にくぐらせる。パン粉はたっぷり用意して埋めるように置き、パン粉を立たせるようにふんわりとつける。
   point 強力粉は卵液の接着の土台になるので、薄くてもいいから隙間がなくつける。ついていない部分は卵液が滑って流れてしまい、結果、パン粉がつかずにハゲる原因になる。

4 フライパンに1cmほどの揚げ油を170℃に熱し、3を入れる。
   point 油はあくまで少なめに。牛肉が半分漬かる程度でよい。多すぎると火が入りすぎる。

5 まわりが色づいてきたら裏返し、同様に色づくまで揚げる。
   point レアに仕上げる目安の揚げ時間は、両面で1分ほど。

6 皿に紫キャベツのごまコールスローをのせ、5を好みで切ってのせ、トマトソースをかける。

Le Mange-Tout メソッド

盛りつけ

いかなるときも手抜きは許されないのがル・マンジュ・トゥー。まかない料理も言わずもがな、その盛りつけも然り。三兄弟が自分の力量を試せる数少ない場面で、皿の上の美しさをどう表現できるか。そして谷シェフのジャッジを受ける。

紫キャベツのごまコールスロー

材料（4人分）
紫キャベツ … 1/2玉（150g）
A｜マヨネーズ（p.81参照）… 50g
　｜ごまだれ（p.81参照）… 30g
B｜塩 … 適量
　｜レモンの絞り汁 … 10g

1 紫キャベツはせん切りにし、Aと混ぜ、Bを加えて味を調える。

扁炉 ～ピエンロー鍋～

妹尾河童氏が著書で紹介し、一躍有名になった白菜が主役の冬の鍋。
材料をどんどん入れていくだけとシンプルな作り方ですが、美味しさは抜群。
ル・マンジュ・トゥーのメンバーは妹尾氏から直接、その奥義を授かりました。
作り手の味つけはごま油のみで、加減は銘々の裁量に任されるというから痛快です。

材料（4〜6人分）

- 干ししいたけ … 80g
- 水 … 2ℓ
- 白菜 … 1株
- 鶏もも肉 … 500g
- 豚バラ薄切り肉 … 500g
- ごま油 … 30g
- 春雨（ゆでてもどす）… 100g

［たれ］
- 塩 … 適量
- ごま油 … 適量
- 一味唐辛子 … 適量
- 辣油（p.81参照）… 好みで適量

●食べ方

器に塩、ごま油、一味唐辛子（または辣油）を入れ、スープを注いで溶き、味を調える。具を入れて食べる。

[point] スープは絶品だが、シメの楽しみのためにとっておく。決して飲みすぎないこと！

1 干ししいたけは水に漬けて一晩おき、もどす。

2 1は石づきを取り、半分に切る。もどし汁は鍋に入れたままにしておく。

3 白菜の芯は1.5〜2cm幅に切り、葉はざく切りにする。

4 2の鍋にしいたけ、白菜の芯を入れ、中火にかける。鶏肉は一口大、豚肉は4〜5cm長さに切る。

5 20分ほど煮て白菜が透明になったら、鶏肉、豚肉をできるだけ重ならないように広げて加える。

6 アクが出てきたら、「アクがアクを呼ぶ」のを待ち、固まったところで一気に取る。

7 ごま油、白菜の葉を加えて煮る。白菜がしんなりしたら春雨を加え、ひと煮立ちしたら完成。煮始めてからの時間は約40分。

[point] 鍋から溢れても火が通るにつれ嵩が減るので気にしない。水が減ったら足しながら煮る。

雑炊

自制して残したスープにご飯を入れて火にかけます。沸騰したら火を弱めて溶き卵を回し入れ、半熟になったらでき上がり。お好みで辣油をかけていただきます。べったら漬けを添えるのも妹尾氏直伝。このルールはル・マンジュ・トゥーでも忠実に守られています。

丸鶏の蒸し煮

鍋1つでできる手軽さが魅力ですが、味わいも秀逸。
鶏の旨味が凝縮した汁を煮詰めたソースが
肉の旨味を引き立てます。
ソースはほかに、ヴィネグレットやごまだれ、
市販のバルサミコ酢を半量になるまで煮詰めたものも合います。
グラタン・ドゥフィノアは、鍋で下煮する時短レシピをご紹介。

材料（4人分）

丸鶏 … 1羽

A
- 水 … 400g
- フレンチ・ヴェルモット … 400g
- バター … 150g
- 鶏ガラスープの素 … 6g

＊フレンチ・ヴェルモットは白ワイン、または日本酒でも代用可能。

【グラタン・ドゥフィノア】

じゃがいも（きたあかり）… 9個（500g）
牛乳 … 250g
生クリーム … 150g
塩 … 2g
にんにく（すりおろす）… 1g

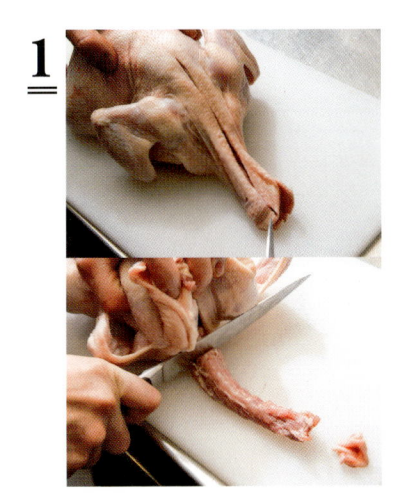

1 鶏は内臓を取り除く。首の背側の皮に縦に切り込みを入れて引っ張り、首づるを切り取る。

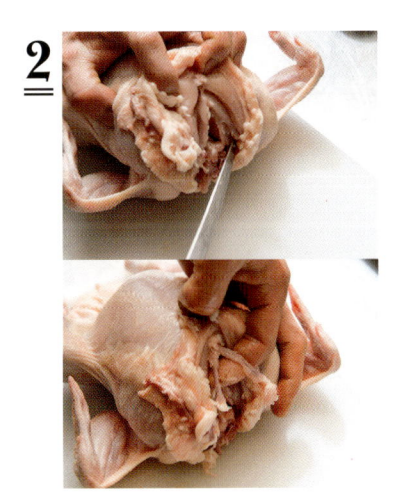

2 首の皮を広げて鎖骨（V字骨）のきわに切り込みを入れ、鎖骨を取る。

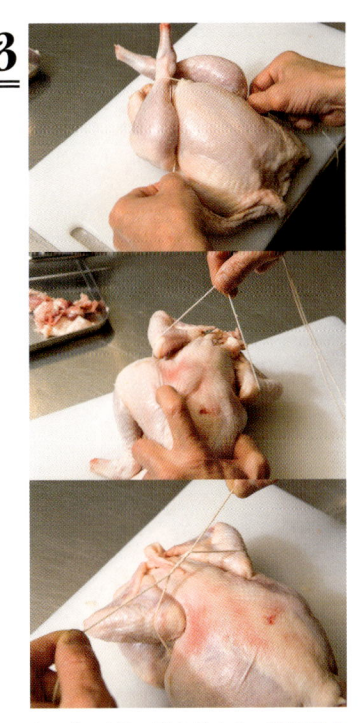

3 たこ糸で縛り、形を整える。鶏は背中を下にして置き、胸側から足首にたこ糸をかけてクロスさせ、ももの脇を通す。そのまま裏返し、手を折ってたこ糸で固定し、2回からげて結ぶ。

4 鍋に鶏は胸を上にして置き、Aを入れて強火にかけ、沸騰したら弱火にして蓋をし、30～45分蒸し煮にする。

[point] 鍋の大きさに合わせて、胸が出るように水分量を調整する。胸を出すことで「蒸す」調理法になり、しっとり仕上がる。すべて浸っていると「ゆで鶏」になり、パサつきの原因になるので注意。水分はフレンチ・ヴェルモットの分量は変えず、水で調整する。

5 鶏を取り出す。汁を半量ほどに煮詰め、味をみて塩（分量外）で調え、ソースを作る。目安は煮詰めた汁120mlに対して塩1g。鶏を適当な大きさに切り、皿に盛る。グラタン・ドゥフィノアを添え、ソースをかける。

【グラタン・ドゥフィノア】

1 じゃがいもは3～5mm厚さに切る。

[point] じゃがいもは水にさらさない。濃度をつけるためにデンプンが役立つ。また、旨味にもなる。

2 鍋に材料をすべて入れて弱めの中火にかけ、じゃがいもが柔らかくなるまで煮る。

[point] 耐熱皿に入れてオーブンだけで火を通すより、あらかじめ鍋で煮ることで時短になる。また、この状態で用意しておけるので調理段取りの自由度が高まる。

3 耐熱皿にバターを塗り、じゃがいもを並べる。煮汁を半量ほどに煮詰め、流し入れる。

4 170℃のオーブンで30分ほど、表面にしっかり焼き色がつくまで焼く。

鮪の漬け丼

鮪の漬け丼は谷シェフのスペシャリテ。
本来、魚があまり得意でないというシェフも、「漬け」にすることで
魚の臭みも逃げ、味が転化され、好物の部類に昇華するのだそうです。
「鮪の漬け丼が食べたい!」気分になったときばかりは予算度外視。
これも頂上に立つ者の強権です。
大和いもは切るよりもすりおろしたほうが、
ほかの素材との相性がよくなります。
卵も合いますので、献立によっては好みでどうぞ。

材料（2人分）

鮪（さく）…160g
A ｜しょうゆ…100g
　｜煮きり酒…20g
わさび…4g
大和いも…240g
しょうゆ…5g
ご飯…適量
干しのり…適量

【激甘卵焼き】
卵…5個
B ｜しょうゆ…3g
　｜上白糖…50g
　｜塩…0.5g
サラダ油…適量

【かぶの浅漬け】
かぶ…1個（100g）
C ｜塩…1g
　｜砂糖…1g

1 バットに網を敷いて鮪を置き、熱湯をかけて霜降りをする。上下を返し、裏面も同様にする。キッチンペーパーで水気を拭く。
point 霜降りは魚の臭みを料理に感じさせないようにする下処理。脂、血合い、ぬめりなどを落とす。

2 バットに1を置き、Aをかける。キッチンペーパーをかぶせ、冷蔵庫に1時間おく。
point キッチンペーパーをかぶせ、漬けだれが全体に行き渡るようにする。少ない量で足りる。

3 2を7〜8mm厚さに切る。

4 2の漬けだれにわさびを加え、混ぜる。

5 大和いもはすりおろし、しょうゆを混ぜる。

6 器にご飯をよそい、5をかける。3をのせて4をかけ、干しのりを散らす。

【激甘卵焼き】

1 ボウルに卵を溶きほぐし、Bを加えて混ぜる。

2 卵焼き器にキッチンペーパーに染み込ませたサラダ油を薄く塗り、中火にかける。卵液をレードル1杯ほど流し入れ、菜箸で混ぜる。半熟になったら向こう側の卵を折り返すように手前に巻く。空いたところにサラダ油を薄くひく。

3 卵を向こう側へ動かし、手前の空いたところにサラダ油を薄くひく。1回目と同様に卵液を流し入れ、焼いた卵を持ち上げて下に流し込む。同様に巻き、繰り返す。
point 焼いた卵の奥まで卵液を流し込むのが成功の鍵。

4 最後の卵液は少量にして、表面を覆うように焼く。
point 甘い卵液は焦げやすい。途中段階では焼き色が強くてもいいが、表面は黄色に仕上げたい。最後の卵液は、難を隠すおめかし用。

5 巻きすで巻き、巻き終わりを下にし、形を整える。冷めたら食べやすい大きさに切る。

【かぶの浅漬け】

1 かぶは薄切りにする。Cとともにボウルなどに入れてざっと混ぜ、重石をする。4〜5時間で食べ頃。

谷昇　TANI Noboru

1952年東京都新宿区生まれ。服部栄養専門学校在学中よりアンドレ・パッション氏率いる「イル・ド・フランス」で働き、卒業後就職。76年と89年に渡仏。アルザス「クロコディル」などで研鑽を積む。帰国後は「オー・シザーブル」などを経て、94年に「ル・マンジュ・トゥー」オープン。月に一度、町田調理師専門学校で講師を務めるほか、テレビや雑誌でも活躍。12年、辻静雄食文化賞専門技術者賞を受賞。著書『ビストロ流 ベーシック・レシピ』（世界文化社）、『ル・マンジュ・トゥーの全仕事』（柴田書店）など多数。

大橋邦基　OHASHI Kunimoto

生年月日：1981年10月8日
出生地：滋賀県
血液型：B型
入店：大学を中退し、2008年。2012〜2013年渡仏

同じ素材でも季節や産地によって全く違う顔をもつので、素材の個性をよく見て調理や味つけを少しずつ変えるようにしています。異なるのは道具、環境、時間も同じです。どんな状況であってもベストな調理ができるように心掛けています。

野水貴之　NOMIZU Takayuki

生年月日：1985年9月6日
出生地：東京都
血液型：AB型
入店：武蔵野調理師専門学校卒業後、都内フレンチレストラン勤務を経て、2010年

まかないには旬の食材を使うようにしています。栄養価が高くて安くて美味しいですから。日本人として、四季折々の行事も取り入れ楽しみながら、みんなのコンディションや会話から様子を察し、そのときどきのベストを出せるようにしています。料理でもそれ以外でも、人を喜ばせるように努めたいです。座右の銘は「人生意気に感ず」です。

國長亮平　KUNINAGA Ryohei

生年月日：1988年4月25日
出生地：山口県岩国市玖珂町
血液型：AB型
入店：福岡調理師専門学校在学中から同店でアルバイトを始め、2008年

回鍋肉を失敗してしまったことがあります。そのとき谷シェフは実際に作って見せて、背景を教えてくださいました。ただレシピを追うのではなく、その料理の歴史や意味を理解して調理に臨むと、どう改善すべきなのかにも気がつきます。どの料理にも基本はあるけれど、自分がやりやすく、美味しいと思うやり方で作るのが一番だと思います。

【スタッフ】
撮影●原務
デザイン●GRiD（釜内由紀江、石神奈津子）
編集●坂本敦子

【撮影協力】

有機スパイス、赤缶カレー粉、MAILLEほか
●エスビー食品株式会社
東京都中央区日本橋兜町18-6
☎0120-120-671
http://www.sbfoods.co.jp/

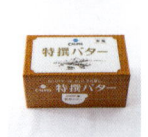

カルピス（株）特撰バター・食塩不使用
●カルピス株式会社
東京都墨田区吾妻橋1-23-1
☎0120-883-066
http://www.calpis.co.jp/

日清 カメリヤ、日清 おいしいパン粉 生、マ・マー グラタンマカロニ、ディ・チェコ（スパゲッティ、フスィリ、フェットゥチーネ）
●日清フーズ株式会社
東京都千代田区神田錦町1丁目25番地
☎0120-24-4157
http://www.nisshin.com

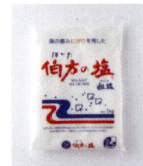

伯方の塩（粗塩）
●伯方塩業株式会社
愛媛県松山市大手町2丁目3-4
☎0120-77-4140
http://www.hakatanoshio.co.jp/

オリーブジュース100％オイル＜キヨエ＞®
●株式会社　バロックス
大阪府大阪市靭本町1-11-7信濃橋三井ビル9F
☎0120-55-8694（ご注文、お問合せ）
http://www.valox.jp

ル・マンジュ・トゥーのまかないレシピ

2016年3月30日　初版発行
2017年6月10日　2刷発行

著　者　谷昇　大橋邦基　野水貴之　國長亮平
発行者　小野寺優
発　行　株式会社河出書房新社
　　　　〒151-0051　東京都渋谷区千駄ヶ谷2-32-2
　　　　電話　03-3404-1201（営業）
　　　　　　　03-3404-8611（編集）
　　　　http://www.kawade.co.jp/

印刷　凸版印刷株式会社
製本　凸版印刷株式会社
Printed in Japan　ISBN978-4-309-28567-2

本書のコピー、スキャン、デジタル化等の無断複製は著作権法上での例外を除き禁じられています。本書を代行業者等の第三者に依頼してスキャンやデジタル化することは、いかなる場合も著作権法違反となります。

本書の内容に関するお問い合わせは、お手紙かメール（jitsuyou@kawade.co.jp）にて承ります。恐縮ですが、お電話でのお問い合わせはご遠慮くださいますようお願いいたします。